会社別就活ハンドブックシリーズ

2025

トヨタ自動車の就活ハンドブック

就職活動研究会 編
JOB HUNTING BOOK

はじめに

　2021年春の採用から，1953年以来続いてきた，経団連（日本経済団体連合会）の加盟企業を中心にした「就活に関するさまざまな規定事項」の規定が，事実上廃止されました。それまで卒業・修了年度に入る直前の3月以降になり，面接などの選考は6月であったものが，学生と企業の双方が活動を本格化させる時期が大幅にはやまることになりました。この動きは2022年春そして2023年春へと続いております。

　また新型コロナウイルス感染者の増加を受け，新卒採用の活動に対してオンラインによる説明会や選考を導入した企業が急速に増加しました。採用環境が大きく変化したことにより，どのような場面でも対応できる柔軟性，また非接触による仕事の増加により，傾聴力というものが新たに求められるようになりました。

　『会社別就職ハンドブックシリーズ』は，いわゆる「就活生向け人気企業ランキング」を中心に，当社が独自にセレクトした上場している一流・優良企業の就活対策本です。面接で聞かれた質問にはじまり，業界の最新情報，さらには上場企業の株主向け公開情報である有価証券報告書の分析など，企業の多角的な判断・研究材料をふんだんに盛り込みました。加えて，地方の優良といわれている企業もラインナップしています。

　思い込みや憧れだけをもってやみくもに受けるのではなく，必要な情報を収集し，冷静に対象企業を分析し，エントリーシート作成やそれに続く面接試験に臨んでいただければと思います。本書が，その一助となれば幸いです。

　この本を手に取られた方が，志望企業の内定を得て，輝かしい社会人生活のスタートを切っていただけるよう，心より祈念いたします。

就職活動研究会

Contents

第1章

トヨタ自動車の会社概況

会社によって選考方法は千差万別。面接で問われる内容や採用スケジュールもバラバラだ。採用試験ひとつとってみても，その会社の社風が表れていると言っていいだろう。ここでは募集要項や面接内容について過去の事例を収録している。

また，志望する会社を数字の面からも多角的に研究することを心がけたい。

✔ 企業理念

1. 内外の法およびその精神を遵守し，オープンでフェアな企業活動を通じて，国際社会から信頼される企業市民をめざす

2. 各国，各地域の文化，慣習を尊重し，地域に根ざした企業活動を通じて，経済・社会の発展に貢献する

3. クリーンで安全な商品の提供を使命とし，あらゆる企業活動を通じて，住みよい地球と豊かな社会づくりに取り組む

4. 様々な分野での最先端技術の研究と開発に努め，世界中のお客様のご要望にお応えする魅力あふれる商品・サービスを提供する

5. 労使相互信頼・責任を基本に，個人の創造力とチームワークの強みを最大限に高める企業風土をつくる

6. グローバルで革新的な経営により，社会との調和ある成長をめざす

7. 開かれた取引関係を基本に，互いに研究と創造に努め，長期安定的な成長と共存共栄を実現する

トヨタは，'92 年 1 月「企業を取り巻く環境が大きく変化している時こそ，確固とした理念を持って進むべき道を見極めていくことが重要」との認識に立ち，「トヨタ基本理念」を策定いたしました。('97 年 4 月改定)

創業以来受け継がれてきた「豊田綱領」の精神

創業以来今日まで，トヨタの経営の「核」として貫かれてきたのが「豊田綱領」です。トヨタグループの創始者，豊田佐吉の考え方をまとめたもので，「トヨタ基本理念」の基礎となっています。当初は確固たる形があったわけではありません。しかし関係会社の規模が拡大するにつれ，従業員に周知徹底すべく明文化する必要性が出てきました。そこで草創期の豊田利三郎，豊田喜一郎らが佐吉の遺訓としてまとめ，世に出たのが「豊田綱領」です。佐吉の 6 回忌に当たる 1935 年 10 月 30 日のことでした。

✔ 会社データ

代表取締役社長	佐藤　恒治
所在地	本社 〒471-8571 愛知県豊田市トヨタ町１番地 代表番号：0565-28-2121 東京本社 〒112-8701 東京都文京区後楽１丁目４番18号 代表番号：03-3817-7111(代) 名古屋オフィス 〒450-8711 愛知県名古屋市中村区名駅４丁目７番１号 代表番号：052-552-2111(代)
創立	1937年（昭和12年）8月28日
資本金	6,354億円（2023年３月末現在）
主な事業内容	自動車の生産・販売
従業員数	70,056人（連結 375,235人） （2023年３月末現在）

✔ 仕事内容

事務職（本部）

国内営業

高齢化・人口減等の課題が山積みの国内市場は、まさに100年に一度の大変革期。でも私たちは、100年に一度のチャンスだと考えます。「課題先進国」だからこそ、どこよりも早く従来のビジネスモデルから脱却し、販売店と共に、新しい未来を創造する。モビリティカンパニーへの進化は、「トヨタの母国・日本」から実現します。

海外営業

海外をフィールドに、それぞれの地域や国の特性を踏まえて、お客様に寄り添ったビジネスを展開。
トヨタの海外販売台数比率は85%以上（2022年現在）。
グローバル企業として世界を牽引し、世界中の人々の暮らしに貢献する責任が、トヨタにはあります。

生産管理・物流

お客様がお求めのクルマをタイミング良く作りお届けする「ものづくりの司令塔」。
KAIZENの考えは海を越え、世界で働く仲間たちと良いクルマをお客様への元へ。
トヨタの競争力の根源が、ここにあります。

調達

100年に一度の大変革と言われる時代の中、従来の枠組みにとらわれることなく、調達メンバーが中心となって関係部署や仕入先と一体となりながら意見を出し合って業務を進めています。また仕入先との相互信頼を基盤に共に成長できるように進めており、常に仕入先と向き合い、互いの継続的な成長が実感できる、非常にやりがいのあるチャレンジングな職場です。

経理

トヨタの金庫番として、資産を管理しお金を賢く使えるように会社を支えます。
さらに、トヨタのグローバルでの収益最大化を考え、経営の羅針盤として、ト

ヨタを支えます。

渉外広報

世の中の動きを的確に捉えつつ、「経済」や「社会」との様々なつながりの中で、国内外メディア、産業界、行政、各種団体等を巻き込み、未来に挑戦するトヨタを応援してくれる仲間を増やします。これらの仲間と力を合わせ大きなムーブメントを起こすことで、トヨタの持続的成長を実現させるとともに、日本をはじめ諸外国の自動車産業の発展に貢献していきます。

総務・人事

経営のサポート機能として、常に時流を読み、最適な組織設計・人材育成・環境づくり・ビジネスサポート等を行います。グローバル35万人のパートナーとして、「世界市民としてのトヨタのありたい姿」を考え抜き、経営の方向性を示します。

ソフトウェア＆デジタル

未来創生

数理・データサイエンス、ロボティクス、ライフサイエンス、社会システムなど、各分野の研究／開発／実証
トヨタの目指す未来に向けて、新たな領域を切り開き、Well-being な社会の実現を目指した挑戦を続けています。

コネクティッド

クルマが"つながる"ために必要な技術・機器や、"つながる"ことで実現・提供できる製品・サービスの企画・開発を行うコースです。また、ソフトウェアを先行して開発・実装するモノづくりにも挑戦しています。

DX・セキュリティ

クルマの開発／生産／販売などのビジネス分野に必要なシステムの企画・開発・運用や、新たなモビリティビジネスを支えるシステムの企画・開発を行っています。デジタルを活用し、オールトヨタのビジネス革新を支えていきます。

プラント・環境技術

環境チャレンジ2050達成に向けた企画・推進
建屋・インフラ（エネルギー供給等）の計画

インフラ（エネルギー供給等）の運転・保全

これらを通じて地域とトヨタを支え、次世代モビリティ社会の実現に貢献しています。

モビリティ＆サービス開発

車両技術領域

車両技術領域や、未来のモビリティを想像するための先端研究や先行開発、そこで生まれた技術を製品に仕立てる製品開発、技術開発を支える法規認証・知的財産戦略推進業務や用品開発業務など、様々なフィールドで活躍することができる領域です。自分たちが新しい未来を想像して描く。常に新しいものを考えて生み出す難しさと魅力がここにはあります。

カーボンニュートラル・パワーエレクトロニクス技術

カーボンニュートラルの実現に向けて多様なエネルギーの選択肢を開発。各地域の事情に応じた最適なパワートレーンをマルチパスウェイでお届けするため、電動化の技術を磨き続ける。新たなチャレンジに挑み続け、クルマの未来をパワーエレクトロニクスの技術で変えていく。

パワートレーン系制御

カーボンニュートラルの実現に向けて、トヨタとして全方位開発（エンジン、HEV、PHEV、FCEV、BEV 等）を進めており、それぞれのパワートレーンに対して、制御開発を行っています。

パワートレーン制御は車の作り込みをする上で、お客様が求めている商品性（走行性能、コスト、品質）に大きく影響を与える業務になります。

電池開発

カーボンニュートラルの実現に向け急速に進む車両電動化に対し、安全・高品質・高性能の電池ユニットを効率的に開発を行っています。

電池の置かれている社会的環境変化が激しい為、従来のやり方に固執せず、自ら新しいやり方を提案し、実践、実現していくことが可能です。電池はモビリティだけでない新たな可能性を拡げる要です。

生産技術開発

「アイディアを形に！お客様のかけがえのない1台を『作る』」

日々進化を続けるクルマ。開発段階から最先端の「作り方」を検討・導入しな

がら、お客様が期待される"高品質で安く"&"タイミング"を高い次元で両立。「トヨタのモノづくりの最前線をリード」するコースです。
新工法の開発から設備設計、ライン構築、製造現場での改善。そして活動のフィールドは広く海外まで。
TPSを生んだ「トヨタのモノづくりの原点」を守りつつ、そして今、BEVや電池と新たな挑戦は続きます。
モノづくりを一緒に「進化」させ、お客様に嬉しさを届けましょう！

モノづくり開発

クルマ・モビリティ・次世代電池・新事業・新製品など多様なニーズに対し最先端のモノづくり技術で具現化に挑戦しています。
『企画・開発・試作・設計・生産準備』など、幅広く経験しキャリア形成するチャンスがあります。

カスタマーファースト

全世界で約1億台のトヨタ車・レクサス車にお乗りのお客様がいます。
そのお客様の声を聞き、「もっといい商品」と「もっといい体験」の実現を通じて、モビリティライフを豊かにし、お客様・販売店/代理店・地域の皆様に幸せになって頂くことを目指します。

✔ 先輩社員の声

未来の市場ニーズを考え抜き，
次世代自動車の商品戦略を作り上げる

【事務系／商品企画／2007年入社】

魅力的なクルマには，必ず魅力的なコンセプトがある

「どこにでもあるクルマ」ではなく，「明確な個性を持ったクルマ」を作るためには，商品のコンセプトが必要です。市場調査データ（お客様の声，市場規模，人口ボリュームや経済ポテンシャル，法規動向，トレンド，現場視察など）をもとに，技術部門を中心に営業やデザイン部門と議論。データを前提にしながら，チームとしての想いや個々人のアイデアを盛り込みつつ，約1～2年かけて新しいクルマのコンセプトをまとめ，経営層が参加する商品企画会議で提案します。プレゼン時に使える資料は，A3で約10枚程度。ここにポイントを凝縮しなければいけません。一目で分かるか，事実はあるか，ストーリー性があるか…。上司にダメだしをされ，また作り込む。ターゲットは？想定使用シーンは？セリングポイントは？…資料との格闘の日々が2ヶ月ほど続きます。営業部門であれば販売店の声，技術部門であれば技術というバックボーンがありますが，私たち商品企画にはデータを基にした「想い」と「アイデア」をぶつけるしかありません。だからこそ妥協は許されない。「燃費は半分。新しい時代をつくろう。」の初代プリウス。「パーティーに行けるSUV」の初代RX／ハリアー。現在においても語り継がれている名車たちも，明快なコンセプトがあってこそ。産みの苦しみを味わいつつ，未来のクルマづくりに貢献しています。

PDCAの先に，お客様のニーズが見えてくる

商品コンセプト策定の他に，商品評価も大切な仕事です。何が良かったのか，悪かったのか。課題点をどう改善していくのか。商品コンセプトと照らし合わせ，コンセプトに関する5つの要素（キャッチフレーズ，ターゲットユーザー，使用シーン，セリングポイント，販価／台数）の課題整理をしていきます。私は，2007年にRAV4，2008年はレクサスIS，2011年ではシエンタの商品評価を手掛けました。年間数万通届くアンケート調査を隈なく分析し，クルマを並べてモニター調査をすることもあります。また，全国の販売店へ営業部，技術部と一緒にヒアリングへ行き，お客様の反応や不満点・満足点といった生きた情報を伺い，それら定量的・定性的なデータをもとに総合的に評価していきます。お客様のニーズに応えるために，商品コンセプトの見直し，グローバル展開の可能性の有無，モデルチェンジの有無，ラインナップの追加・削減等，さまざまな課題解決の方向性を模索します。

【技術系／ボデー先行開発部／2006年入社】

未来のトヨタの安全と商品力を，ゼロから開発する

クルマの車両設計がスタートするのは市場に投入される約4年前。先行開発ではその2〜3年前から，基本となるボデーシェル（※1）や搭載する部品や素材について検討を進めていきます。先端開発1Gでは，さらに先を見た2020年以降に向けた将来技術の発掘・開発（衝突安全・NV（※2），走り，商品力など）を，自動車業界以外の技術トレンドにも感性を働かせながら取り組んでいます。私が担当している衝突安全性能開発では，市場事故実態からさらに事故被害者を減らすために，トヨタの研究・開発拠点である東富士研究所と連携し盤技術の開発を行っています。

※1 ボデーシェル：エンジンやシャシー，電子部品などを組み込む車体のベース
※2 NV：騒音（Noise）および振動（Vibration）。

世界初の安全技術をつくりあげた1年目

世界限定500台のスーパーカー，レクサス・LFAに搭載されているエアバッグ内蔵シートベルト。衝突時にエアバッグが膨らみ，胸とシートベルトが接触する面積を拡大させ，体に加わる衝撃を分散させることによる乗員保護性能を持つ世界初の技術が搭載されたシートベルトです。この開発ミッションを任されたのが入社1年目。右も左も分からない担当者の私に，実験部署やボデーから質問がくる毎日。すぐさま直属の上司に質問をすると「自分の考えはないのか。すぐに答えを聞きにくるのはやめろ」と言われてしまう。正直，焦りましたが，各部署やサプライヤーへ出向き直接話を伺い，自分なりのアイデアをノートに書きなぐりながら，がむしゃらに仕事に向き合うなかで開発の糸口が見えてきました。さまざまな角度からの衝突シーン，ガラス破片の影響，ドライバーのシートポジションなどを徹底的に考慮し衝突性能に対してのスペックを決めることに成功。「現在のトヨタの中で，このアイテムについて一番考えているのはお前だ」と，上司にも評価され，自信をもって開発を完遂することができました。

未来のクルマを支える2つのミッション

現在は，今まで携わってきた車両開発の前段階に位置するボデー先行開発部に所属しています。取り組んでいるミッションは2つ。「将来衝突安全技術開発」と「2020年を見据えた商品力向上につながるアイテム，技術の発掘」です。前者では東富士研究所と連携しながら，事故調査の結果から被害を減らすため課題を抽出し，将来の法規改正に先んじて対応盤技術を開発しています。また，後者では例えば建築業界や住宅インテリア業界など，クルマ以外の業界の先端技術にも着目し，クルマへの商品化を検討。将来的にクルマに求められる性能，装備を実現するための情報収集を行っています。全く性質の違う2つの分野を担っていますが，どちらも次世代のクルマの安全性や快適さを下支えする業務にモチベーションを感じています。

事務職・技術職（総合職）

応募資格	＜国内大学（修士・学士）、高等専門学校＞ 2020年4月から2024年3月までに卒業（見込）・修了（見込）の方 ＜海外大学（修士・学士）＞ 2020年4月から2024年9月までに卒業（見込）・修了（見込）の方
仕事の内容	幅広い業務領域で、高度な専門知識を活かしながら、「企画・開発・調整業務」を自立的に遂行 事務職：商品企画、マーケティング・営業企画、販売事業支援、アフターサービス企画、資材・部品調達戦略、新車プロジェクトマネジメント、物流企画、生産企画、経理・財務、原価企画、企業法務、海外事業体支援、渉外広報、人事など 技術職：先端研究、先行開発、量産開発、生産技術開発、生産ライン設計・導入、製造・品質管理、デザイン、品質保証、カスタマーサービス、情報システム、知的財産、建築設備技術など
給与	学部卒業相当：月給22万8000円 修士修了相当：月給25万円 高専卒業：月給20万1000円 専攻科卒業：月給22万8000円 ※2023年度実績
諸手当	超過勤務手当，家族手当，通勤費補助など
昇給	年1回（4月）
賞与	年2回（7月，12月）
勤務地	国内各事業所（豊田本社、東京本社、名古屋オフィス、東富士研究所、各工場など）および海外事業所

勤務時間	・豊田本社（本社周辺の各工場含む）／8:30〜17:30 または8:00〜17:00 ・東京本社、名古屋オフィス／8:45〜17:45 ※配属先によって勤務時間は異なる　※フレックス制度あり
休日休暇	年間休日121日（2022年度） ・豊田本社（本社周辺の各工場含む）／完全週休2日制（土・日）、GW・夏期・年末年始休暇 ・東京本社、名古屋オフィス／完全週休2日制（土・日）、祝日、年末年始休暇 ※その他，年次有給休暇・特別休暇あり
保険	雇用保険、労災保険、健康保険、厚生年金保険など
福利厚生	施設／寮・社宅、スポーツ施設、保養所など 制度／選択型福利厚生制度・持家補助制度・従業員持株会制度・財形貯蓄制度など
募集学科	学部・学科問いません

業務職（一般職）

応募資格	＜国内・海外の大学（修士・学士）・短期大学・専門学校＞ 2020年4月から2024年3月までに卒業（見込）・修了（見込）の方
仕事の内容	特定の業務領域で、高い実務力を活かし、自ら考え、関係者を巻き込みながら業務プロセスを遂行 【主な配属予定部門・部署】 海外・国内営業、技術（研究・開発）、生産技術、生産企画、カスタマーサービス、製造（工場）、総務・人事、渉外・広報、商品企画、経理・財務、情報システム、調達、品質保証など
給与	大学卒業：月給19万4,000円 短期大学・専門学校（2年制）卒業：月給18万500円 ※2023年度実績
諸手当	超過勤務手当，家族手当，通勤費補助など
昇給	年1回（4月）

賞与	年2回（7月，12月）
勤務地	勤務地は会社が決定しますが、原則として、配属後に住居の移転を伴う転勤はありません。入社後、業務の都合により、下記地区内で異動することがあります。 【本社（豊田市）・名古屋地区採用】 ・本社（愛知県豊田市）・名古屋オフィス（愛知県名古屋市） ・県内各工場（愛知県豊田市、みよし市、碧南市など） ・各事業所（愛知県名古屋市、日進市、東海市、清須市、稲沢市、丹羽郡、海部郡、岐阜県多治見市など）
勤務時間	・豊田本社（本社周辺の各工場含む）／8:30～17:30 　または8:00～17:00 ・名古屋オフィス／8:45～17:45または8:30～17:30 ※配属先によって勤務時間は異なる　※フレックス制度あり
休日休暇	年間休日121日（2022年度） ・豊田本社（本社周辺の各工場含む）／完全週休2日制（土・日）、GW・夏期・年末年始休暇 ・東京本社、名古屋オフィス／完全週休2日制（土・日）、祝日、年末年始休暇 ※その他、年次有給休暇・特別休暇あり
保険	雇用保険，労災保険，健康保険，厚生年金保険など
福利厚生	施設／寮・社宅、スポーツ施設、保養所など 制度／選択型福利厚生制度・従業員持株会制度・財形貯蓄制度など
募集学科	学部学科は問いません

✔ 採用の流れ 〈出典：東洋経済新報社『就職四季報』〉

エントリーの時期	【総・技】3月〜6月
採用プロセス	【総・技】ES提出・Web試験（3〜6月）→面接（1回，6〜8月）→内々定（6〜8月）

採用実績数					

	大卒男	大卒女	修士男	修士女
2022年	76 （文：45 理：31）	53 （文：39 理：14）	173 （文：0 理：173）	30 （文：0 理：30）
2023年	73 （文：45 理：28）	58 （文：50 理：8）	260 （文：0 理：260）	31 （文：0 理：31）

✔2023年の重要ニュース (出典:日本経済新聞)

■トヨタ23年世界生産、初の1000万台超え　部品不足緩和（8/30）

　トヨタ自動車は2023年の「トヨタ・レクサス」ブランドの世界生産を約1020万台とする計画を固めた。22年から1割増え、19年の過去最高（905万台）を大幅に更新する。車載半導体などの部品不足が緩和しているほか、国内外でハイブリッド車（HV）の販売が好調なことから増産体制を整える。

　30日までに主要な部品企業に通知した。トヨタは23年の生産計画を約950万～1060万台と1月に公表していた。トヨタは生産計画を「基準」や「目安」と呼ぶ。今回、部品企業に23年の計画を1020万台規模と明示したことで、トヨタ・レクサスブランドの暦年生産としては初の1000万台超えが視野に入る。傘下のダイハツ工業、日野自動車を含めれば、13年に初めて1000万台を超えていた。

　内訳は国内が約340万台、海外が約680万台。22年比でそれぞれ3割、1割弱増える。国内生産はトヨタが日本のものづくりの技術と雇用維持のために必要と考える「300万台」の節目を4年ぶりに超えそうだ。

　23年1～7月の生産実績は前年同期比12%増の570万台だった。8～12月は平均で月産90万台とペースを加速させる方針だ。

　中期の計画は24年が約1070万台、25年が1100万台規模を見込んでいる。うち国内は25年に350万台強と数万台ずつ増える。

　増産の最大の要因は車載半導体をはじめとした部品不足の緩和だ。トヨタの生産は新型コロナウイルスが流行し始めた20年に790万台まで減り、その後もコロナ禍で部品不足が長引いた。22年は902万台まで回復したものの、過去最高の19年には3万台弱届かなかった。

　HVの好調も貢献する。トヨタはHVの世界シェアで推定6割と圧倒的な地位を築く。調査会社のグローバルデータによると、HVの世界需要は25年に806万台と22年比で85%（370万台）増える見通しだ。

■トヨタ、純利益最高3.9兆円（11/2）

　トヨタ自動車は1日、2024年3月期の連結純利益（国際会計基準）が前期比61%増の3兆9500億円になりそうだと発表した。従来予想（2兆5800億円）に比べ1兆3700億円上方修正した。22年3月期の2兆8501億円を超え2年ぶりの最高益となる。好調な生産や為替の円安効果が利益を押し上げる。

日本企業の純利益で歴代の最高は、ソフトバンクグループが 21 年 3 月期に記録した 4 兆 9879 億円だった。トヨタは 2 位に入る。

　売上高見通しは 16% 増の 43 兆円、営業利益見通しは 65% 増の 4 兆 5000 億円とそれぞれ 5 兆円、1 兆 5000 億円引き上げた。営業利益予想は従来予想の段階で日本企業で初の 3 兆円台としていたが、達成すれば初の 4 兆円超えとなる。

　記者会見した宮崎洋一副社長は「当社の収益構造は着実に改善している」と手応えを示した。

　生産台数の増加や車種構成の改善、値上げ効果などが 1 兆 7300 億円の営業増益要因となる。トヨタ・レクサスの生産台数は期初予想（前期比 11% 増の 1010 万台）を据え置いた。

　通期の想定為替レートを 1 ドル＝141 円と 16 円円安に見直した。円安効果は期初予想から 1 兆 1800 億円増え、前期比で 3050 億円の増益見通しとなった。原価低減も進め、原材料やエネルギー代の高騰、人件費などのコスト増を補った。

　23 年 4 〜 9 月期の決算は、売上高が前年同期比 24% 増の 21 兆 9816 億円、純利益が 2.2 倍の 2 兆 5894 億円だった。純利益、営業利益とも過去最高を更新した。

■トヨタ、レクサス EV 「RZ」 新モデル　従来より 60 万円安く（0/0）

　トヨタ自動車は 30 日、高級車ブランド「レクサス」の電気自動車（EV）「RZ」で従来より価格を抑えた新モデルを発売したと発表した。前輪駆動のためコストを抑えられ、価格は 820 万円と従来の全輪駆動のモデル（880 万円）を下回る。航続距離を約 100 キロメートル伸ばしたほか、急速充電の時間を縮めるシステムも新たに採用し、利便性を高めた。

　新モデルの「RZ300e」は、車両の軽量化などでエネルギー効率を高めた。1 回の充電で走行できる航続距離は従来より約 100 キロメートル長い約 599 キロメートルだ。寒冷地などの低温下では充電にかかる時間が長くなるため、電池の熱損失を抑えるシステムを新たに導入した。

　トヨタブランドの EV 「bZ4X」にも採用されており、外気温がマイナス 10 度下での充電時間を最大約 30% 減らせる。同システムは従来モデルにも採用される。

　同日、レクサス EV 利用者向けの急速充電拠点を複合施設「軽井沢コモングラウンズ」（長野県軽井沢町）に 12 月に開設すると発表した。全国 2 拠点目で、2024 年度には JR 名古屋駅に直結する「JR セントラルタワーズ」にも開設するという。

✔2022年の重要ニュース (出典:日本経済新聞)

■トヨタ新型ミニバン、渋滞時に自動運転も　267万円から（1/13）

　トヨタ自動車は13日、新型ミニバン「ノア」「ヴォクシー」を国内で発売した。トヨタのミニバンとして初めて渋滞時に手放し運転ができる自動運転システムを搭載できるようにした。車外からスマートフォンで操作し、無人のままで駐車・出庫することもできる。ファミリー向けの廉価なミニバンに先進機能を搭載し普及させる狙いだ。

　2001年11月に発売したノアとヴォクシーは今回で4代目。価格はノアが267万円から、ヴォクシーが309万円から。富裕層が好む高級ミニバン「アルファード」「ヴェルファイア」と比べ低価格で、車内や荷室が広いのが売りだ。幅広い層に利用してもらうため、渋滞時の自動運転システムをトヨタとして初めて搭載した。

　開発を担当したトヨタ車体の水潤英紀取締役は「ノアとヴォクシーはファミリー層に人気だ。家族で最も使いやすいミニバンを追求した」と振り返る。

　渋滞時に、時速40キロメートルまでの速度で運転手が前を向いていることを条件に手放し運転ができる。家族旅行などで渋滞にはまった際に運転手の疲労を抑え安全に運転してもらう。自動運転システムのオプション価格は約13万円。高級車レクサス「LS」や燃料電池車「ミライ」に搭載し、高速で走行し車線変更や追い抜きができるシステム（約60万円）より手ごろな価格に抑えた。

　21年末に発売したレクサスNXに続き、自動駐車システム「アドバンストパーク」も用意した。オプション価格は約12万円。スマホで車の外から駐車や出庫ができるようにし、運転が不安な人のニーズに応えた。狭い場所でも乗り込むことなく操作できる。

　新型ノア・ヴォクシーはドライバーがスマートキーを携帯していれば、専用アプリを入れたスマートフォンでリモート駐車や出庫ができる（12日、東京都八王子市）

　ナビ上で付近の駐車場の空き状況や料金、レストランの口コミ情報などが見られる「コネクテッドナビ」も搭載できるようにした。「Hey, トヨタ」と話しかけることで窓の開け閉めやエアコンの温度調整ができる音声機能も付けた。ハイブリッド車（HV）ではモーターとバッテリーの出力をそれぞれ16%、15%向上させ、燃費は1リットル当たり23.4キロメートルと従来モデルを23%上回る。

　国内での月間販売台数はノアが8100台、ヴォクシーが5400台を予定して

いる。12日時点で先行受注は計3万1500台入っており、販売店に届くまでの納期は2カ月程度だという。兄弟車の「エスクァイア」は21年12月に生産を終了した。

■トヨタ、21年販売2年連続世界首位　EVではGM急伸（1/28）

　トヨタ自動車の28日の発表などをもとに自動車大手の2021年の世界新車販売台数をまとめたところ、トヨタが2年連続で首位となった。半導体不足による生産への影響を競合と比べて抑え、2位の独フォルクスワーゲン（VW）との差を広げた。米ゼネラル・モーターズ（GM）は5位に転落したものの、中国で好調な電気自動車（EV）販売は前年比2.3倍と急伸した。

　21年のトヨタグループ（トヨタ、ダイハツ工業、日野自動車）の世界販売は前年比10％増の1049万5千台だった。トヨタは東南アジアの新型コロナウイルス感染拡大で、秋以降の国内生産が大幅に減ったが、21年通年でみると半導体不足の影響を競合他社と比べ抑えられた。

　欧州部品大手からの供給が一部で滞ったが、グループ会社のデンソーなどが在庫を確保していたことも生産を下支えした。ほぼ予定通りに新型車を投入し、需要のある車種を優先的に生産し販売を伸ばした。20年に持ち分法適用会社としたSUBARU（スバル）を含めると9％増の1135万5千台だった。

　一方、2位のVWは5％減の888万2千台と、販売台数が世界一だったコロナ前の19年と比べ約2割減った。トヨタが主力の米中市場で販売を伸ばしたのに対し、VWは逆に主力の中国と西欧で販売を減らした。

　特に中国では地場メーカーや米テスラとの競争に押され、14％減と振るわなかった。グループ内で利幅の大きい高級車に半導体を優先供給したため、VWの乗用車など大衆車ブランドの販売が落ちた。

　前年まで4年連続で4位だった米GMは5位に転落した。28日時点の速報値で13％減の600万2千台と、5年連続の前年割れだった。主力のピックアップトラックの生産に半導体不足の影響が直撃し、9月に北米の半分の工場で生産を止めるなど大規模減産に追い込まれた。米国でも21年の販売が前年比13％減となり、米市場の首位を初めてトヨタに明け渡した。

　EVに限ってみればGMの販売は急伸している。21年の世界でのEV販売は50万台と前年比2.3倍に増え、伸び率では米テスラも上回った。上海汽車集団などと出資する上汽通用五菱汽車が販売する約50万円の格安EV「宏光MINI EV」が42万台を売り、中国地方都市などでヒットが続いているのが大きい。

✔2021年の重要ニュース (出典:日本経済新聞)

■トヨタのサブスク、20年申込数1万件超（1/20）

　トヨタ自動車傘下で車のサブスクリプション（定額課金）を手掛けるキント（名古屋市）は20日、2020年の申込件数が1万件を超えたと明らかにした。20年7～12月では前年同期比6倍以上の申し込みがあった。取り扱い車種や契約プランの拡充などが奏功した。新型コロナウイルスで車利用の価値が見直された面も販売を後押しした。

　20年の申込件数は約1万1200件だった。東京都限定で先行導入した期間も含めて19年3月～20年12月までの累計申し込みは約1万2300件だった。

　20年には多目的スポーツ車「ハリアー」や「ヤリスクロス」といった人気車種を投入。11月からは小型車「ヤリス」、「アクア」の特別仕様車をキント限定で売り出した。若年層を狙ったテレビCMなどの販売促進策も受け、これまでの申し込みのうち4割を20～30代が占めた。契約者のうち4割はこれまで車を保有したことのない層だった。

　国内では日産自動車やホンダ、三菱自動車など車のサブスクリプションサービスに参入する企業が増えている。小寺信也社長は「需要そのものが膨らみつつあり、国内全体で流れができつつある」と分析。さらに「他社とタッグを組み、『こういう車の持ち方も悪くはない』と広めていけるので参入は大歓迎だ」と述べた。

■トヨタ、1～6月の世界販売過去最高　2年連続で世界首位（7/29）

　トヨタ自動車が29日発表した2021年1~6月のグループ世界販売台数（ダイハツ工業、日野自動車を含む）は前年同期比31％増の約546万台で、年上半期の過去最高を更新した。自動車販売が米中を中心に回復している。独フォルクスワーゲン（VW）の約497万台（前年同期比28％増）を上回り、この期間では2年連続での世界首位になったとみられる。

　グループ全体の世界生産は約529万台で35％増えた。特に海外生産は47％増の317万台で過去最高を更新した。販売と生産が好調だった理由を、トヨタ担当者は「商品を支持してもらったうえ、サプライヤーや生産・調達部門が一緒になって動くことで半導体不足の影響を限定的にできている」と話す。

　「トヨタ」「レクサス」ブランドに限ると世界販売は33％増の約500万台で、このうち海外販売は37％増の約418万台。いずれも年上半期で過去最高だった。

米国では多目的スポーツ車（SUV）のハイランダーやヴェンザ、中国ではカローラやレビン、レクサス車が好調だった。国内販売は 15% 増の約 81 万台だった。

　ハイブリッド車（HV）やプラグインハイブリッド車（PHV）、電気自動車 (EV) といった電動車の販売台数は 64% 増の約 131 万台だった。新車販売に占める電動車比率は 26% で、前年同期の 21% から 5 ポイント上がった。北米や欧州、中国で電動車が伸びている。

　「トヨタ」「レクサス」ブランドの世界生産は 36% 増の約 451 万台だった。このうち海外生産は 47% 増の約 295 万台だった。販売が好調だった中国などがけん引した。国内生産は 20% 増の約 155 万台だった。

　同時に 6 月単月の実績も発表した。「トヨタ」「レクサス」ブランドの世界販売は前年同月比で 20% 増の 84 万台で、6 月として過去最高を更新した。10 カ月連続で前年同月を上回っている。世界生産は同 41% 増の 83 万台で同じく過去最高を更新している。

　東南アジアなどで新型コロナウイルスの感染が広がっていることや半導体不足については「引き続き状況を注視していかないといけない」（トヨタ担当者）という。

■トヨタ、35 年に欧州販売車の排出ゼロ　EU 規制に対応（12/3）

　トヨタ自動車は 2 日、2035 年までに西欧で販売する新車の二酸化炭素（CO_2）排出をゼロにすると発表した。販売するすべての車を電気自動車（EV）や燃料電池車（FCV）に切り替えるもよう。欧州連合（EU）が 35 年に域内で新車が排出する CO_2 をゼロにすることを義務づける案を 7 月に出しており、これに対応する。

　トヨタは西欧ではこれまで 30 年に新車販売の 4 割を EV など CO_2 を出さない「ゼロエミッション車」とすることを目指していた。特定の地域での新車販売をすべてゼロエミッション車に切り替えると明らかにしたのは初めて。同社の欧州での自動車販売は世界全体の 1 割にあたる。

　新型 EV「bZ4X」を 22 年半ばに発売するほか、高級車ブランド「レクサス」から EV 専用車台を使った新型車「RZ」を投入する。同社はこれまで電動車戦略の中心にハイブリッド車を据えてきたが、環境規制の厳しい地域では EV が主軸になる可能性が出てきた。

✔ 受験者情報

自由応募第2クールだったが，あらゆる情報を調べ尽くし，会社への熱い思いをもって受けた結果，内定に繋がりました

技術系 自由応募 2020卒

エントリーシート

・形式：採用ホームページから記入
・内容：大学時代頑張ったこと／チームを巻き込んで成果を上げたこと／研究内容／トヨタ自動車の志望理由とやりたい仕事

セミナー

・選考とは無関係
・服装：リクルートスーツ

筆記試験

・形式：Webテスト
・課目：英語／数学，算数／国語，漢字
・内容：SPI

面接（個人・集団）

・雰囲気：和やか
・回数：2回
・内容：一回目は集団面接，最終は個人面接。和やかだがしっかりとした深掘り。二次募集だが，それに関する質問はなし

内定

・通知方法：電話
・タイミング：予定より早い

▶ その他受験者からのアドバイス

・連絡が早い（即日か翌日）
・インターンも説明会も行っておらず，自由応募第2クールだが，ネットや現場で調べられることは全て調べ尽くし，会社への熱い思いをもって受けたら内定に繋がる

選考は遅めなので，選考が早い企業で練習をしておきましょう

技術職 2020卒

エントリーシート
・研究内容，学生時代頑張ったこと，周りを巻き込んでチームで成果を出したこと，志望動機とやりたいこと，個人の性格，趣味・特技，周りから何と言われているか

セミナー
・選考とは無関係
・服装：リクルートスーツ
・内容：会社の概要説明，社員との座談会，説明会

筆記試験
・形式：Webテスト
・課目：数学，算数／国語，漢字／性格テスト
・内容：テストセンター

面接（個人・集団）
・雰囲気は和やか。エントリーシートについての深堀り。研究内容が直結しないがなぜこの会社なのか，志望動機，人生で心に残っている言葉

内定
・通知方法：電話

● その他受験者からのアドバイス
・就職活動は自分が最も働きたいと感じた会社を受けるのがベスト。そのため会社選びと自己分析がどれだけ追求できるか

就職活動では何が起こるかはわかりません。少しでも可能性があるならば，全部エントリーしてみるとよいと思います

事務職 2020卒

エントリーシート

・採用ホームページから記入
・選考，研究テーマ，学生時代最も力を入れたこと，チームを巻き込んで取り組んだこと，志望理由とやりたい仕事，周囲にどんな人だと言われるか，その理由

セミナー

・選考と関係のあるものだった
・服装：リクルートスーツ
・内容：業務内容紹介，社員の講演，食事会

筆記試験

・形式：Webテスト
・課目：数学，算数／国語，漢字／性格テスト
・内容：SPI

面接（個人・集団）

・雰囲気は和やか。学生時代に頑張ったことの深堀り，入社してからやりたいこと，志望動機，就職活動の軸

内定

・通知方法：電話
・就職活動をやめるように言われる

学生時代に力を入れたことについての深掘りを多く
されるので，あらかじめ想定される質問に対しての
答えをもっと考えておくとよい

業務職 2019卒

エントリーシート

・提出期日は，5月21日
・提出方法は，マイページ上で
・質問項目は，志望動機，最も頑張りぬいた事，自己PR

セミナー

・記載なし

筆記試験

・形式は，SPI
・結果通知方法は，マイページ上で
・試験科目は，言語，非言語

面接（個人・集団）

・質問内容は，会場までどうやってきたか，学生時代に力を入れたこととその
　深掘り，志望動機，希望部署の理由，チームの中での役割，アルバイトにつ
　いて，アルバイトで一番困難だったこと，後輩を指導した経験はあるか

内定

・内定時期は，6月下旬
・承諾検討期間は，特になし

技術系 2019卒

エントリーシート

・質問内容は，大学時代に最も力を入れて取り組んだこと，トヨタの志望理由と
やりたい仕事，身近な人からどのような人だと言われるか，大学での研究内容，
今研究をしている中で，気をつけた事・工夫した事，大学での研究内容や授業
で興味を持った内容　等

セミナー

・記載なし

筆記試験

・形式は，テストセンター
・試験科目は，性格検査
・能力検査（言語・非言語）

面接（個人・集団）

・質問内容は，研究内容の説明をしてください，なぜトヨタか，なぜ人工知能
技術者か，入社後のキャリアは考えているか，力を入れたことを教えてくださ
い，なぜNPOに所属しようと思ったのか，知識・人脈の継承は何か工夫した
のか，一番苦労したことは，は好きか。何に乗っているか

内定

・内定時期は，2018年6月
・承諾検討期間は，なし

● その他受験者からのアドバイス

・面接練習はリクルーターの方から何回も指導して頂いたので，大きな失敗
もなく自信を持って望めた。特に注意したのは，自分の回答が長くなりす
ぎないようにすること。言葉のキャッチボールをスムーズに行うよう心がけ
けた

技術系 2018卒

エントリーシート

・内容は，研究内容・学生時代最も力を入れたこと・チームを巻き込んで成果を
　だしたこと・志望動機・周囲の人からどのような人だと言われるか
・形式は，サイトからダウンロードした用紙に手で記入

セミナー

・選考との関係は，無関係だった
・服装は，全くの普段着
・内容は，企業紹介等
・会社にどれだけ興味があるか見ているようだった

筆記試験

・形式は，Webテスト
・課目は，数学，算数／国語，漢字
・内容は，SPI

面接（個人・集団）

・雰囲気は，和やか
・質問内容は，エントリーシートに沿って
・回数は，1回

内定

・通知方法は，大学就職課

● その他受験者からのアドバイス

　・SPIは勉強しておいた方がよい

推薦を取得できると，リクルーターが付いてくれ，ES添削や面接対策をしてくれます

技術職（推薦） 2018卒

エントリーシート

・研究内容または興味を持った授業
・学生時代力を注いだこと
・学生時代周りを巻き込んだこと
・卒論内容

セミナー

・選考との関係は，無関係だった
・服装は，全くの普段着
・トヨタが合わないと思った学生は来なくなってくるため，3月下旬にはかなり減ってたような気がします

筆記試験

・形式は，Webテスト
・科目は，数学，算数／国語，漢字／性格テスト

面接（個人・集団）

・雰囲気は，和やか
・質問内容は，ESに沿ったことを聞かれるだけです

内定

・拘束や指示は，メールで2，3日後に来ました。
・メールのみでの通知のため受かった感じがしませんでした
・通知方法は，メール
・タイミングは，予定通り

● その他受験者からのアドバイス

・よかった点は，リクルーターが添削をしてくれた。ここで添削された内容は総合商社にも通用します
・よくなかった点は，面接開始が遅い

自動車業界には魅力的な仕事です。悔いの残らない
よう頑張って就職活動をしてください

総合職 2018卒

エントリーシート

- 授業で興味を持った内容について
- 大学時代に最も力を入れて取り組んできたこと
- トヨタの志望動機とやりたい仕事
- 形式は，指定の用紙に手で記入

セミナー

- 選考との関係は，筆記や面接などが同時に実施される，選考と関係のあるもの
  だった
- 内容は，学内説明会では企業紹介等の一般的なことだけで，面接等は行われ
  ない

筆記試験

- 形式は，Webテスト
- 課目は，数学，算数／国語，漢字
- 内容は，SPI

面接（個人・集団）

- 雰囲気は，普通
- 質問内容は，研究と志望動機と，学生時代に頑張ったことについて主に聞かれ
  る

内定

- 通知方法は，メール

技術職 2017卒

エントリーシート

・内容は，興味を持った大学での研究内容・授業，大学時代に最も力をいれて取り組んだ事，志望動機と入社後やりたい仕事など
・形式は，採用ホームページから記入

セミナー

・選考との関係は，無関係だった
・服装は，リクルートスーツ
・内容は，業界説明，企業紹介

筆記試験

・形式は，Webテスト
・課目は，数学，算数／国語，漢字／性格テスト
・内容は，SPI

面接（個人・集団）

・雰囲気は，和やか
・質問内容は，自己紹介，学生時代に頑張ったこと，チームを巻き込んで成果を出したエピソード，志望理由
・回数は，2回

内定

・通知方法は，電話

技術職 2017卒

エントリーシート

・内容は，興味を持った内容，学生時代注力したこと，チームを巻き込んで力を
　成果を出したこと，志望理由とやりたい仕事，知人から何と言われるか
・形式は，指定の用紙に手で記入

セミナー

・選考との関係は，無関係だった
・服装は，リクルートスーツ
・内容は，業界紹介／社員紹介

筆記試験

・形式は，Webテスト
・課目は，数学，算数／国語，漢字／性格テスト
・内容は，ごくごく普通のSPI（英語無）

面接（個人・集団）

・雰囲気は，和やか
・質問内容は，推薦なので最終面接のみ
・回数は，1回

内定

・通知方法は，大学就職課

✔ 有価証券報告書の読み方

01 部分的に読み解くことからスタートしよう

「有価証券報告書（以下，有報）」という名前を聞いたことがある人も少なくはないだろう。しかし，実際に中身を見たことがある人は決して多くはないのではないだろうか。有報とは上場企業が年に1度作成する，企業内容に関する開示資料のことをいう。開示項目には決算情報や事業内容について，従業員の状況等について記載されており，誰でも自由に見ることができる。

一般的に有報は，証券会社や銀行の職員，または投資家などがこれを読み込み，その後の戦略を立てるのに活用しているイメージだろう。その認識は間違いではないが，だからといって就活に役に立たないというわけではない。就活を有利に進める上で，お得な情報がふんだんに含まれているのだ。ではどの部分が役に立つのか，実際に解説していく。

■有価証券報告書の開示内容

では実際に，有報の開示内容を見てみよう。

有価証券報告書の開示内容
第一部【企業情報】
第1　【企業の概況】
第2　【事業の状況】
第3　【設備の状況】
第4　【提出会社の状況】
第5　【経理の状況】
第6　【提出会社の株式事務の概要】
第7　【提出会社の状参考情報】
第二部【提出会社の保証会社等の情報】
第1　【保証会社情報】
第2　【保証会社以外の会社の情報】
第3　【指数等の情報】

有報は記載項目が統一されているため，どの会社に関しても同じ内容で書かれている。このうち就活において必要な情報が記載されているのは，第一部の第1【企業の概況】〜第5【経理の状況】まで，それ以降は無視してしまってかまわない。

02 企業の概況の注目ポイント

第1【企業の概況】には役立つ情報が満載。そんな中，最初に注目したいのは，冒頭に記載されている【主要な経営指標等の推移】の表だ。

回次		第25期	第26期	第27期	第28期	第29期
決算年月		平成24年3月	平成25年3月	平成26年3月	平成27年3月	平成28年3月
営業収益	(百万円)	2,532,173	2,671,822	2,702,916	2,756,165	2,867,199
経常利益	(百万円)	272,182	317,487	332,518	361,977	428,902
親会社株主に帰属する 当期純利益	(百万円)	108,737	175,384	199,939	180,397	245,309
包括利益	(百万円)	109,304	197,739	214,632	229,292	217,419
純資産額	(百万円)	1,890,633	2,048,192	2,199,357	2,304,976	2,462,537
総資産額	(百万円)	7,060,409	7,223,204	7,428,303	7,605,690	7,789,762
1株当たり純資産額	(円)	4,738.51	5,135.76	5,529.40	5,818.19	6,232.40
1株当たり当期純利益	(円)	274.89	443.70	506.77	458.95	625.82
潜在株式調整後 1株当たり当期純利益	(円)	—	—	—	—	—
自己資本比率	(%)	26.5	28.1	29.4	30.1	31.4
自己資本利益率	(%)	5.9	9.0	9.5	8.1	10.4
株価収益率	(倍)	19.0	17.4	15.0	21.0	15.5
営業活動による キャッシュ・フロー	(百万円)	558,650	588,529	562,763	622,762	673,109
投資活動による キャッシュ・フロー	(百万円)	△370,684	△465,951	△474,697	△476,844	△499,575
財務活動による キャッシュ・フロー	(百万円)	△152,428	△101,151	△91,367	△86,636	△110,265
現金及び現金同等物 の期末残高	(百万円)	167,525	189,262	186,057	245,170	307,809
従業員数 [ほか，臨時従業員数]	(人)	71,729 [27,746]	73,017 [27,312]	73,551 [27,736]	73,329 [27,313]	73,053 [26,147]

見慣れない単語が続くが，そう難しく考える必要はない。特に注意してほしいのが，**営業収益**，**経常利益**の二つ。営業収益とはいわゆる**総売上額**のことであり，これが企業の本業を指す。その営業収益から営業費用（営業費（販売費＋一般管理費）＋売上原価）を差し引いたものが**営業利益**となる。会社の業種はなんであれ，モノを顧客に販売した合計値が営業収益であり，その営業収益から人件費や家賃，広告宣伝費などを差し引いたものが営業利益と覚えておこう。対して経常利益は営業利益から本業以外の損益を差し引いたもの。いわゆる金利による収益や不動産収入などがこれにあたり，本業以外でその会社がどの程度の力をもっているかをはかる絶好の指標となる。

■会社のアウトラインを知れる情報が続く。

　この主要な経営指標の推移の表につづいて、「会社の沿革」、「事業の内容」、「関係会社の状況」「従業員の状況」などが記載されている。自分が試験を受ける企業のことを、より深く知っておくにこしたことはない。会社がどのように発展してきたのか、主としている事業はどのようなものがあるのか、従業員数や平均年齢はどれくらいなのか、志望動機などを作成する際に役立ててほしい。

03 事業の状況の注目ポイント

　第2となる【事業の状況】において、最重要となるのは**業績等の概要**といえる。ここでは1年間における収益の増減の理由が文章で記載されている。「○○という商品が好調に推移したため、売上高は△△になりました」といった情報が、比較的易しい文章で書かれている。もちろん、損失が出た場合に関しても包み隠さず記載してあるので、その会社の1年間の動向を知るための格好の資料となる。

　また、業績については各事業ごとに細かく別れて記載してある。例えば鉄道会社ならば、①運輸業、②駅スペース活用事業、③ショッピング・オフィス事業、④その他といった具合だ。**どのサービス・商品がどの程度の売上を出したのか**、会社の持つ展望として、今後**どの事業をより活性化**していくつもりなのか、などを意識しながら読み進めるとよいだろう。

■「対処すべき課題」と「事業等のリスク」

　業績等の概要と同様に重要となるのが、**「対処すべき課題」**と**「事業等のリスク」**の2項目といえる。ここで読み解きたいのは、その会社の**今後の伸びしろ**について。いま、会社はどのような状況にあって、どのような課題を抱えているのか。また、その課題に対して取られている対策の具体的な内容などから経営方針などを読み解くことができる。リスクに関しては法改正や安全面、他の企業の参入状況など、会社にとって決してプラスとは言えない情報もつつみ隠さず記載してある。客観的にその会社を再評価する意味でも、ぜひ目を通していただきたい。

　次代を担う就活生にとって、ここの情報はアピールポイントとして組み立てやすい。「新事業の○○の発展に際して……」、「御社が抱える●●というリスクに対して……」などという発言を面接時にできれば、面接官の心証も変わってくるはずだ。

最後に注目したいのが，第5【経理の状況】だ。ここでは，簡単にいえば【主要な経営指標等の推移】の表をより細分化した表が多く記載されている。ここの情報をすべて理解するのは，簿記の知識がないと難しい。しかし，そういった知識があまりなくても，読み解ける情報は数多くある。例えば**損益計算書**などがそれに当たる。

連結損益計算書

(単位：百万円)

	前連結会計年度 (自 平成26年4月1日 至 平成27年3月31日)	当連結会計年度 (自 平成27年4月1日 至 平成28年3月31日)
営業収益	2,756,165	2,867,199
営業費		
運輸業等営業費及び売上原価	1,806,181	1,841,025
販売費及び一般管理費	※1 522,462	※1 538,352
営業費合計	2,328,643	2,379,378
営業利益	427,521	487,821
営業外収益		
受取利息	152	214
受取配当金	3,602	3,703
物品売却益	1,438	998
受取保険金及び配当金	8,203	10,067
持分法による投資利益	3,134	2,565
雑収入	4,326	4,067
営業外収益合計	20,858	21,616
営業外費用		
支払利息	81,961	76,332
物品売却損	350	294
雑支出	4,090	3,908
営業外費用合計	86,403	80,535
経常利益	361,977	428,902
特別利益		
固定資産売却益	※4 1,211	※4 838
工事負担金等受入額	※5 59,205	※5 24,487
投資有価証券売却益	1,269	4,473
その他	5,016	6,921
特別利益合計	66,703	36,721
特別損失		
固定資産売却損	※6 2,088	※6 1,102
固定資産除却損	※7 3,957	5,105
工事負担金等圧縮額	※8 54,253	※8 18,346
減損損失	※9 12,738	※9 12,297
耐震補強重点対策関連費用	8,906	10,288
災害損失引当金繰入額	1,306	25,085
その他	30,128	8,537
特別損失合計	113,379	80,763
税金等調整前当期純利益	315,300	384,860
法人税、住民税及び事業税	107,540	128,972
法人税等調整額	26,202	9,326
法人税等合計	133,742	138,298
当期純利益	181,558	246,561
非支配株主に帰属する当期純利益	1,160	1,251
親会社株主に帰属する当期純利益	180,397	245,309

　主要な経営指標等の推移で記載されていた**経常利益**の算出する上で必要な営業外収益などについて，詳細に記載されているので，一度目を通しておこう。

　いよいよ次ページからは実際の有報が記載されている。ここで得た情報をもとに有報を確実に読み解き，就職活動を有利に進めよう。

✔ 有価証券報告書

企業の概況

1 主要な経営指標等の推移

(1) 連結経営指標等 ・・・・・・・・・・・・・・・・・・・・・・・・・・・・・・・・・・

回 次		国際財務報告基準				
		移行日	第116期	第117期	第118期	第119期
決算期		2019年4月1日	2020年3月	2021年3月	2022年3月	2023年3月
営業収益	(百万円)	—	29,866,547	27,214,594	31,379,507	37,154,298
税引前利益	(百万円)	—	2,792,942	2,932,354	3,990,532	3,668,733
親会社の所有者に帰属する当期利益	(百万円)	—	2,036,140	2,245,261	2,850,110	2,451,318
親会社の所有者に帰属する当期包括利益	(百万円)	—	1,555,009	3,217,806	3,954,350	3,251,090
親会社の所有者に帰属する持分	(百万円)	19,907,100	20,618,888	23,404,547	26,245,969	28,338,706
総資産	(百万円)	53,416,405	53,972,363	62,267,140	67,688,771	74,303,180
1株当たり親会社の所有者に帰属する持分	(円)	1,405.65	1,490.80	1,674.18	1,904.88	2,089.08
基本的1株当たり親会社の所有者に帰属する当期利益	(円)		145.49	160.65	205.23	179.47
希薄化後1株当たり親会社の所有者に帰属する当期利益	(円)		144.02	158.93	205.23	179.47
親会社所有者帰属持分比率	(%)	37.3	38.2	37.6	38.8	38.1
親会社所有者帰属持分利益率	(%)		10.0	10.2	11.5	9.0
株価収益率	(倍)		8.9	10.7	10.8	10.5
営業活動によるキャッシュ・フロー	(百万円)	—	2,398,496	2,727,162	3,722,615	2,955,076
投資活動によるキャッシュ・フロー	(百万円)	—	△2,124,650	△4,684,175	△577,496	△1,598,890
財務活動によるキャッシュ・フロー	(百万円)		362,805	2,739,174	△2,466,516	△56,180
現金及び現金同等物期末残高	(百万円)	3,602,805	4,098,450	5,100,857	6,113,655	7,516,966
従業員数 [外、平均臨時雇用人員]	(人)	371,193 [86,708]	361,907 [86,596]	366,283 [80,009]	372,817 [87,120]	375,235 [94,974]

(注) 1 当社の連結財務諸表は、国際財務報告基準(以下、IFRSという。)に基づいて作成しています。

　　　2 2021年10月1日付で普通株式1株につき5株の割合で株式分割を行っています。第116期の期首に

(point) **主要な経営指標等の推移**

　　数年分の経営指標の推移がコンパクトにまとめられている。見るべき箇所は連結の売上、利益、株主資本比率の3つ。売上と利益は順調に右肩上がりに伸びているか、逆に利益で赤字が続いていたりしないかをチェックする。株主資本比率が高いとリーマンショックなど景気が悪化したときなどでも経営が傾かないという安心感がある。

当該株式分割が行われたと仮定して，1株当たり親会社の所有者に帰属する持分，基本的1株当たり親会社の所有者に帰属する当期利益および希薄化後1株当たり親会社の所有者に帰属する当期利益を算定しています。

3　2021年4月2日に第1回AA型種類株式の残存する全部の取得および2021年4月3日に第1回AA型種類株式の全部の消却を完了しており，2023年3月31日に終了した1年間において，潜在株式が存在しないため希薄化後1株当たり親会社の所有者に帰属する当期利益は，基本的1株当たり親会社の所有者に帰属する当期利益と同額を記載しています。

回　次		米国会計基準	
		第115期	第116期
決算期		2019年3月期	2020年3月期
売上高	（百万円）	30,225,681	29,929,992
税金等調整前当期純利益	（百万円）	2,285,465	2,554,607
当社株主に帰属する 当期純利益	（百万円）	1,882,873	2,076,183
包括利益	（百万円）	1,936,602	1,866,642
純資産	（百万円）	20,565,210	21,241,851
総資産	（百万円）	51,936,949	52,680,436
1株当たり株主資本	（円）	1,366.18	1,450.43
基本1株当たり 当社普通株主に 帰属する当期純利益	（円）	130.11	147.12
希薄化後1株当たり 当社普通株主に 帰属する当期純利益	（円）	129.02	145.90
株主資本比率	（％）	37.3	38.1
株主資本当社普通株主に 帰属する当期純利益率	（％）	9.8	10.4
株価収益率	（倍）	10.0	8.8
営業活動による キャッシュ・フロー	（百万円）	3,766,597	3,590,643
投資活動による キャッシュ・フロー	（百万円）	△2,697,241	△3,150,861
財務活動による キャッシュ・フロー	（百万円）	△540,839	397,138
現金及び現金同等物並び に拘束性現金期末残高	（百万円）	3,706,515	4,412,190
従業員数 ［外，平均臨時雇用人員］	（人）	370,870 [87,129]	359,542 [86,219]

（注）　1　当社の連結財務諸表は，第116期まで米国において一般に公正妥当と認められる会計原則に基づいて作成しています。

　　　2　2021年10月1日付で普通株式1株につき5株の割合で株式分割を行っています。第115期の期首に当該株式分割が行われたと仮定して，1株当たり株主資本，基本1株当たり当社普通株主に帰属す

(point) バラ色の時代だったリーマン・ショック前

平成22年の利益は金融危機の影響，円高や北米リコールなどがあり，まだ利益水準が低い。ちなみにリーマン・ショックが起こる前の10年程度は国内販売が好調で，海外生産・販売の拡大に伴い，世界市場での拡大が続いていた。3/00期から3/08期までの8年だけを見ると，売上は約2倍，営業利益は約3倍にまで成長している。

る当期純利益および希薄化後1株当たり当社普通株主に帰属する当期純利益を算定しています。

(2) 提出会社の経営指標等 ·····························

回次		第115期	第116期	第117期	第118期	第119期
決算期		2019年3月期	2020年3月期	2021年3月期	2022年3月期	2023年3月期
売上高	(百万円)	12,634,439	12,729,731	11,761,405	12,607,858	14,076,956
経常利益	(百万円)	2,323,122	1,735,365	1,886,691	2,171,530	3,520,848
当期純利益	(百万円)	1,896,825	1,424,062	1,638,057	1,693,947	2,936,379
資本金	(百万円)	635,402	635,402	635,402	635,402	635,402
発行済株式総数 普通株式	(千株)	3,262,997	3,262,997	3,262,997	16,314,987	16,314,987
ＡＡ型種類株式	(千株)	47,100	47,100	47,100	－	－
純資産額	(百万円)	12,450,275	12,590,891	13,894,021	14,607,272	16,493,041
総資産額	(百万円)	17,716,994	17,809,246	21,198,281	20,991,040	23,230,320
1株当たり純資産額	(円)	845.11	875.44	959.55	1,060.16	1,215.84
1株当たり配当額 普通株式 （うち1株当たり 中間配当額）	(円)	220 (100)	220 (100)	240 (105)	※ 148 (120)	60 (25)
第1回ＡＡ型種類株式 （うち1株当たり 中間配当額）	(円)	211 (105.5)	264 (132.0)	264 (132.0)	－ (－)	－ (－)
1株当たり当期純利益	(円)	131.42	100.85	116.56	121.98	214.99
潜在株式調整後 1株当たり当期純利益	(円)	129.98	100.05	115.31	121.97	－
自己資本比率	(%)	70.3	70.7	65.5	69.6	71.0
自己資本利益率	(%)	15.5	11.4	12.4	11.9	18.9
株価収益率	(倍)	9.9	12.9	14.8	18.2	8.7
配当性向	(%)	33.5	43.6	41.2	42.6	27.9
従業員数 ［外，平均臨時雇用人員］	(人)	74,515 [11,122]	74,132 [10,795]	71,373 [9,565]	70,710 [9,917]	70,056 [11,405]
株主総利回り （比較指標： 配当込みTOPIX）	(%) (%)	98.3 (95.0)	101.7 (85.9)	136.2 (122.1)	176.6 (124.6)	155.9 (131.8)
最高株価	(円)	7,686	8,026	8,712	2,475 (12,375)	2,283
最低株価	(円)	6,045	5,771	6,163	1,622 (8,110)	1,764

(注) 1 株主総利回りは，次の算式により算出しています。

$$株主総利回り（\%）＝\frac{各事業年度末日の株価 ＋ \begin{array}{c}当事業年度の4事業年度前から各事業年度までの\\1株当たり配当額の累計額\end{array}}{当事業年度の5事業年度前の末日の株価}$$

(point) 沿革

どのように創業したかという経緯から現在までの会社の歴史を年表で知ることができる。過去に行った重要なM&Aなどがいつ行われたのか，ブランド名はいつから使われているのか，いつ頃から海外進出を始めたのか，など確認することができて便利だ。

2 「収益認識に関する会計基準」（企業会計基準第29号2020年3月31日）等を第118期の期首から適用しており，第118期以降に係る主要な経営指標等については，当該会計基準等を適用した後の指標等となっています。

3 2021年10月1日付で普通株式1株につき5株の割合で株式分割を行っています。第115期の期首に当該株式分割が行われたと仮定して，1株当たり純資産額，1株当たり当期純利益および潜在株式調整後1株当たり当期純利益を算定しています。

※第118期の中間配当額は株式分割前の120円，期末配当額は株式分割後の28円とし，年間配当額は単純合計である148円として記載しています。なお，当該株式分割を考慮しない場合の1株当たり配当額（うち1株当たり中間配当額）は下記のとおりです。

回次	第115期	第116期	第117期	第118期	第119期
決算期	2019年3月期	2020年3月期	2021年3月期	2022年3月期	2023年3月期
1株当たり配当額 普通株式 （うち1株当たり　（円） 中間配当額）	220 (100)	220 (100)	240 (105)	260 (120)	300 (125)

4 2021年4月2日に第1回AA型種類株式の残存する全部の取得および2021年4月3日に第1回AA型種類株式の全部の消却を完了しており，2023年3月期において，潜在株式が存在しないため潜在株式調整後1株当たり当期純利益は記載していません。

5 株価は，2022年4月3日以前は東京証券取引所（市場第1部）の，2022年4月4日以降は東京証券取引所（プライム市場）の普通株式の市場相場です。なお，第118期の株価については株式分割後の最高株価および最低株価を記載しており，株式分割前の最高株価および最低株価を括弧内に記載しています。また，第1回AA型種類株式は非上場株式であるため，該当事項はありません。

2　沿革

年月	概要
1933年9月	・（株）豊田自動織機製作所（現在の（株）豊田自動織機）内で自動車の研究を開始
1935年11月	・トラックを発売
1936年9月	・乗用車を発売
1937年8月	・（株）豊田自動織機製作所（現在の（株）豊田自動織機）より分離独立（会社創立）（社名トヨタ自動車工業（株），資本金12,000千円）
1940年3月	・豊田製鋼（株）（現在の愛知製鋼（株））設立
1941年5月	・豊田工機（株）（現在の（株）ジェイテクト）を設立し，精密工作機械の製造事業を移管
1943年11月	・中央紡績（株）を吸収合併
1945年8月	・トヨタ車体工業（株）（現在のトヨタ車体（株））を設立し，自動車車体の製造事業を移管

point **危機を乗り越えるたびに強くなる**

過去に多くの危機があったが，それをすべて乗り越えてきた。1950年代には労働争議と経営危機，70年代の石油危機，80年代の貿易摩擦，90年台の円高。2008年に初めてGMを抜き世界の自動車生産台数首位に立ったが，世界的な景気後退と赤字転落，また品質問題や震災などにも見舞われた。危機を克服するたびに着実に強くなってきた。

1946年4月	・関東電気自動車製造（株）（現在のトヨタ自動車東日本（株））設立
1948年7月	・日新通商（株）（現在の豊田通商（株））設立
1949年5月	・東京，名古屋，大阪の各証券取引所に株式を上場 （現在は東京，名古屋，ニューヨーク，ロンドンの各証券取引所に株式を上場）
6月	・愛知工業（株）（現在の（株）アイシン）設立 ・名古屋ゴム（株）（現在の豊田合成（株））設立
12月	・日本電装（株）（現在の（株）デンソー）を設立し，自動車用電装品の製造事業を移管
1950年4月	・トヨタ自動車販売（株）を設立し，販売業務を移管
5月	・民成紡績（株）（現在のトヨタ紡織（株））を設立し，紡績事業を移管
1953年8月	・東和不動産（株）（現在のトヨタ不動産（株））設立
1956年3月	・トヨタ自動車販売（株）が産業車両を発売
1957年10月	・米国トヨタ自動車販売（株）設立
1960年11月	・（株）豊田中央研究所設立
1966年10月	・日野自動車工業（株）・日野自動車販売（株）（現在は合併し，日野自動車（株））と業務提携
1967年11月	・ダイハツ工業（株）と業務提携
1975年12月	・店舗用住宅を発売
1977年2月	・個人用住宅を発売
1980年3月	・ティース　トヨタ（株）（現在のトヨタ　モーター　コーポレーション　オーストラリア（株））を株式取得により子会社化
1982年7月	・トヨタ自動車販売（株）と合併し，社名をトヨタ自動車（株）に変更
10月	・トヨタ　モーター　クレジット（株）設立
1984年2月	・当社とGM社（当時）との間で合弁会社ニュー　ユナイテッド　モーター　マニュファクチャリング（株）を設立
1986年1月	・トヨタ　モーター　マニュファクチャリング　U. S. A.（株）（現在のトヨタ　モーター　マニュファクチャリング　ケンタッキー（株））およびトヨタ　モーター　マニュファクチャリング　カナダ（株）を設立
1989年12月	・トヨタ　モーター　マニュファクチャリング（UK）（株）設立
1991年2月	・トヨタ自動車九州（株）設立
1996年2月	・トヨタ　モーター　マニュファクチャリング　インディアナ（株）設立
9月	・北米における製造・販売会社の資本関係再編成に伴い，トヨタ　モーター　ノース　アメリカ（株）（現在は同地域の子会社と合併）を設立

(point) **事業の内容**

　会社の事業がどのようにセグメント分けされているか，そして各セグメントではどのようなビジネスを行っているかなどの説明がある。また最後に事業の系統図が載せてあり，本社，取引先，国内外子会社の製品・サービスや部品の流れが分かる。ただセグメントが多いコングロマリットをすぐに理解するのは簡単ではない。

	10月	・北米における製造統括会社トヨタ　モーター　マニュファクチャリング　ノース　アメリカ (株)(現在のトヨタ　モーター　エンジニアリング　アンド　マニュファクチャリング　ノース　アメリカ (株))を設立
1998年9月		・ダイハツ工業 (株) を株式取得により子会社化
	10月	・欧州における製造統括会社トヨタ　モーター　ヨーロッパ　マニュファクチャリング (株) (現在は同地域の販売統括会社, 持株会社と合併) を設立
2000年7月		・金融統括会社トヨタファイナンシャルサービス (株) を設立
2001年4月		・(株) 豊田自動織機製作所 (現在の (株) 豊田自動織機) に産業車両および物流システム事業を譲渡
	8月	・日野自動車 (株) を株式取得により子会社化
2002年3月		・当社とプジョー　シトロエン　オートモービルズ　SA との間で合弁会社トヨタ　プジョー　シトロエン　オートモービル　チェコ (有) を設立 (現在は子会社化し, 社名をトヨタ　モーター　マニュファクチャリング　チェコ (有) に変更)
	4月	・欧州における持株会社トヨタ　モーター　ヨーロッパ (株) (現在は同地域の販売統括会社, 製造統括会社と合併) を設立
	8月	・中国第一汽車集団有限公司と中国での自動車事業における協力関係構築に基本合意
2004年9月		・当社と広州汽車集団股份有限公司との間で合弁会社広州トヨタ自動車 (有) (現在の広汽トヨタ自動車 (有)) を設立
2005年10月		・欧州における販売統括会社トヨタ　モーター　マーケティング　ヨーロッパ (株) は, 同地域の製造統括会社, 持株会社と合併 (合併後社名トヨタ　モーター　ヨーロッパ (株))
2006年3月		・富士重工業 (株) (現在の (株) SUBARU) と業務提携
2010年10月		・トヨタホーム (株) に住宅事業を承継
2012年7月		・関東自動車工業 (株) は, セントラル自動車 (株) およびトヨタ自動車東北 (株) と合併し, 社名をトヨタ自動車東日本 (株) に変更
2015年12月		・ニューユナイテッドモーターマニュファクチャリング (株) の解散申請を, 米国の管轄裁判所が認可
2017年2月		・スズキ (株) と業務提携に向けた覚書を締結 (2019年8月資本提携)
2017年8月		・マツダ (株) と業務資本提携
2018年3月		・当社とマツダ (株) との間で合弁会社マツダトヨタマニュファクチャリング USA, Inc. を設立
2019年9月		・(株) SUBARU と業務資本提携拡大
2020年1月		・当社とパナソニック (株) との間で, 街づくり事業に関する合弁契約に基づき, プライム　ライフ　テクノロジーズ (株) を設立し, 両社の住宅事業を統合

(point) **登場間近の新型プリウスに注目**

　トヨタの国内登録車シェアは約50％と圧倒的。人気のハイブリッド (HV) 車プリウスは2015年に次期新型車が発売。次世代 HV システムと TNGA (Toyota New Global Architecture) のデビューモデルになる。バッテリーオプション (ニッケル水素電池またはリチウムイオン) と部品の小型化, 軽量化, 熱効率の進歩などにも注目。

2020年4月	・当社とパナソニック（株）との間で，車載用角形電池事業に関する事業統合契約および合弁契約に基づき，プライム　プラネット　エナジー＆ソリューションズ（株）を設立
2021年3月	・いすゞ自動車（株），日野自動車（株）と商用事業における協業に関する共同企画契約を締結 ・いすゞ自動車（株）と資本提携
2021年7月	・いすゞ自動車（株），スズキ（株），日野自動車（株），ダイハツ工業（株）と商用事業における協業に関する共同企画契約を締結（当該契約に基づき，2021年3月に締結した，いすゞ自動車（株），日野自動車（株）との共同企画契約を終了）

3　事業の内容

　連結財務諸表提出会社（以下，当社という。）は，IFRSに準拠して連結財務諸表を作成しており，関係会社の範囲についてもIFRSの定義に基づいています。「第2　事業の状況」および「第3　設備の状況」においても同様です。

　当社および当社の関係会社（子会社569社，関連会社および共同支配企業168社（2023年3月31日現在）により構成）においては，自動車事業を中心に，金融事業およびその他の事業を行っています。
　なお，次の3つに区分された事業は「第5　経理の状況　1　連結財務諸表等（1）連結財務諸表　注記5」に掲げるセグメント情報の区分と同様です。

自動車　当事業においては，セダン，ミニバン，コンパクト，SUV，トラック等の自動車とその関連部品・用品の設計，製造および販売を行っています。自動車は，当社，日野自動車（株）およびダイハツ工業（株）が主に製造していますが，一部については，トヨタ車体（株）等に生産委託しており，海外においては，トヨタモーターマニュファクチャリングケンタッキー（株）等が製造しています。自動車部品は，当社および（株）デンソー等が製造しています。これらの製品は，国内では，トヨタモビリティ東京（株）等の全国の販売店を通じて顧客に販売するとともに，一部大口顧客に対しては当社が直接販売を行っています。一方，海外においては，

(point) **関係会社の状況**

　主に子会社のリストであり，事業内容や親会社との関係についての説明がされている。特に製造業の場合などは子会社の数が多く，すべてを把握することは難しいが，重要な役割を担っている子会社も多くある。有報の他の項目では一度も触れられていない場合が多いので，気になる会社については個別に調べておくことが望ましい。

米国トヨタ自動車販売（株）等の販売会社を通じて販売しています。

自動車事業における主な製品は次のとおりです。

主な製品の種類
ＬＳ、ＲＸ、クラウン、カローラ、ヤリス、ＲＡＶ４、ハイラックス、カムリ、タコマ、ハイランダー、フォーチュナー、アバンザ、シエンタ、ルーミー、ハイエース、アクア、ノア、ヴォクシー、ライズ、アルファード、プロフィア、タント　ほか

金融　当事業においては，主として当社および当社の関係会社が製造する自動車および他の製品の販売を補完するための金融ならびに車両のリース事業を行っています。国内では，トヨタファイナンス（株）等が，海外では，トヨタモータークレジット（株）等が，これらの販売金融サービスを提供しています。

その他　その他の事業では，情報通信事業等を行っています。

（事業系統図）

主な事業の状況の概要図および主要な会社名は次のとおりです。

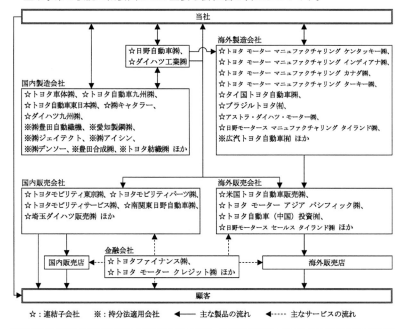

上記以外の主要な会社としては，北米の製造・販売会社の統括および渉外・広報・調査活動を行うトヨタモーターノースアメリカ（株），欧州の製造・販売会社の統括および渉外・広報・調査活動を行うトヨタモーターヨーロッパ（株），金融会社を統括するトヨタファイナンシャルサービス（株），ソフトウェアを中心とした様々なモビリティの開発を担うウーブン・プラネット・ホールディングス（株）（※）があります。

※　ウーブン・プラネット・ホールディングス（株）は，2023年4月1日付でウーブン・バイ・トヨタ（株）に社名変更しています。

4 関係会社の状況

名称	住所	資本金又は出資金	主要な事業の内容	議決権の所有割合(%)	関係内容
(連結子会社)					
トヨタモビリティ東京㈱	東京都港区	百万円 18,100	自動車	100.00	当社製品の販売先。なお、当社より資金援助を受けています。設備等の賃貸借…有
日野自動車㈱　＊1＊2	東京都日野市	百万円 72,717	自動車	50.19	自動車および同部品の購入・販売先。なお、当社より資金援助を受けています。設備等の賃貸借…有　役員の兼任等…有
ダイハツ工業㈱	大阪府池田市	百万円 28,404	自動車	100.00	自動車および同部品の購入・販売先。設備等の賃貸借…有　役員の兼任等…有
トヨタモビリティパーツ㈱	愛知県名古屋市	百万円 15,000	自動車	54.08 (3.08)	自動車部品の購入・販売先。なお、当社より資金援助を受けています。設備等の賃貸借…有
トヨタ車体㈱	愛知県刈谷市	百万円 10,372	自動車	100.00	自動車車体および同部品の購入先。なお、当社より資金援助を受けています。設備等の賃貸借…有
トヨタ自動車九州㈱	福岡県宮若市	百万円 7,750	自動車	100.00	自動車車体および同部品の購入先。なお、当社より資金援助を受けています。設備等の賃貸借…有　役員の兼任等…有
トヨタ自動車東日本㈱	宮城県黒川郡	百万円 6,851	自動車	100.00	自動車車体および同部品の購入先。なお、当社より資金援助を受けています。設備等の賃貸借…有
ダイハツ九州㈱	大分県中津市	百万円 6,000	自動車	100.00 (100.00)	ダイハツ工業㈱の自動車の購入先。
㈱キャタラー	静岡県掛川市	百万円 551	自動車	57.38	自動車部品の購入先。なお、当社より資金援助を受けています。
トヨタファイナンシャルサービス㈱　＊1	愛知県名古屋市	百万円 78,525	金融	100.00	設備等の賃貸借…有　役員の兼任等…有
トヨタファイナンス㈱　＊2	愛知県名古屋市	百万円 16,500	金融	100.00 (100.00)	当社製品にかかる販売金融。設備等の賃貸借…有　役員の兼任等…有
トヨタ モーター ノース アメリカ㈱　＊1＊3	Plano, Texas, U.S.A.	千米ドル 999,158	自動車	100.00 (0.10)	自動車に関する調査・研究の委託先。役員の兼任等…有
米国トヨタ自動車販売㈱　＊1	Plano, Texas, U.S.A.	千米ドル 365,000	自動車	100.00 (100.00)	当社製品の販売先。なお、当社より資金援助を受けています。
トヨタ モーター エンジニアリング アンド マニュファクチャリング ノース アメリカ㈱　＊1	Plano, Texas, U.S.A.	千米ドル 1,958,950	自動車	100.00 (100.00)	自動車技術の研究開発の委託先および米国製造会社製品の販売先。
トヨタ モーター マニュファクチャリング ケンタッキー㈱　＊1	Georgetown, Kentucky, U.S.A.	千米ドル 1,180,000	自動車	100.00 (100.00)	当社製品の販売先。
トヨタ モーター マニュファクチャリング インディアナ㈱　＊1	Princeton, Indiana, U.S.A.	千米ドル 620,000	自動車	100.00 (100.00)	当社製品の販売先。

名称	住所	資本金又は出資金	主要な事業の内容	議決権の所有割合(%)	関係内容
トヨタ モーター マニュファクチャリング テキサス㈱ ＊1	San Antonio, Texas, U.S.A.	千米ドル 510,000	自動車	100.00 (100.00)	当社製品の販売先。
トヨタ モーター クレジット㈱ ＊1＊2	Plano, Texas, U.S.A.	千米ドル 915,000	金融	100.00 (100.00)	当社製品にかかる販売金融。
トヨタ ファイナンシャル セービング バンク㈱	Henderson, Nevada, U.S.A.	千米ドル 1	金融	100.00 (100.00)	
カナダトヨタ㈱	Toronto, Ontario, Canada	千加ドル 10,000	自動車	51.00	当社製品の販売先。
トヨタ モーター マニュファクチャリング カナダ㈱ ＊1	Cambridge, Ontario, Canada	千加ドル 680,000	自動車	100.00	当社製品の販売先。
トヨタ クレジット カナダ㈱	Markham, Ontario, Canada	千加ドル 60,000	金融	100.00 (100.00)	当社製品にかかる販売金融。
トヨタ モーター マニュファクチャリング バハ カリフォルニア㈲	Tijuana, Baja California, Mexico	千メキシコ・ペソ 3,834,821	自動車	100.00 (100.00)	当社製品の販売先。
トヨタ モーター マニュファクチャリング グアナファト㈱	Apaseo el Grande, Guanajuato, Mexico	千メキシコ・ペソ 3,395,529	自動車	100.00 (100.00)	当社製品の販売先。
アルゼンチントヨタ㈱	Buenos Aires, Argentina	千アルゼンチン・ペソ 260,000	自動車	100.00 (0.00)	当社製品の販売先。なお、当社より資金援助を受けています。
ブラジルトヨタ㈲ ＊1	Sao Paulo, Brazil	千ブラジル・レアル 6,709,980	自動車	100.00	当社製品の販売先。なお、当社より資金援助を受けています。
トヨタ モーター ヨーロッパ㈱ ＊1	Brussels, Belgium	千ユーロ 3,504,469	自動車	100.00	当社製品の販売先、自動車技術の研究開発および渉外・広報活動の委託先。なお、当社より資金援助を受けています。
トヨタ モーター マニュファクチャリング チェコ㈲	Kolín, Czech	千チェコ・コルナ 5,140,000	自動車	100.00 (100.00)	当社製品の販売先。
トヨタフランス㈱	Vaucresson, France	千ユーロ 2,123	自動車	100.00 (100.00)	当社製品の販売先。
トヨタ モーター マニュファクチャリング フランス㈱	Onnaing, France	千ユーロ 268,079	自動車	100.00 (100.00)	当社製品の販売先。
トヨタ モーター ファイナンス (ネザーランズ) ㈱ ＊2	Amsterdam, Netherlands	千ユーロ 908	金融	100.00 (100.00)	当社関係会社への資金調達支援。
トヨタセントラルヨーロッパ㈲	Warsaw, Poland	千ユーロ 101	自動車	100.00 (100.00)	当社製品の販売先。
トヨタ モーター マニュファクチャリング ターキー㈱	Arifiye, Sakarya, Turkey	千トルコ・リラ 150,165	自動車	90.00 (90.00)	当社製品の販売先。

(point) **従業員の状況**

　主力セグメントや，これまで会社を支えてきたセグメントの人数が多い傾向があるのは当然のことだろう。上場している大企業であれば平均年齢は40歳前後だ。また労働組合の状況にページが割かれている場合がある。その情報を載せている背景として，労働組合の力が強く，人数を削減しにくい企業体質だということを意味している。

名称	住所	資本金又は出資金	主要な事業の内容	議決権の所有割合(%)	関係内容
英国トヨタ㈱	Burgh Heath, Epsom, Surrey, U.K.	千英ポンド 2,600	自動車	100.00 (100.00)	当社製品の販売先。
トヨタ ファイナンシャル サービス (UK)㈱	Burgh Heath, Epsom, Surrey, U.K.	千英ポンド 253,350	金融	100.00 (100.00)	当社製品にかかる販売金融。
南アフリカトヨタ自動車㈱	Johannesburg, South Africa	千南アフリカ・ランド 50	自動車	100.00 (100.00)	当社製品の販売先。なお、当社より資金援助を受けています。
トヨタキルロスカ自動車㈱	Bangalore, India	千インド・ルピー 7,000,000	自動車	89.00	当社製品の販売先。
アストラ・ダイハツ・モーター㈱	Jakarta, Indonesia	千インドネシア・ルピア 894,370,000	自動車	61.75 (61.75)	ダイハツ工業㈱の自動車の購入・販売先。
インドネシアトヨタ自動車㈱	Jakarta, Indonesia	千インドネシア・ルピア 19,523,503	自動車	95.00	当社製品の販売先。
トヨタ モーター アジア パシフィック㈱	Singapore	千シンガポール・ドル 6,000	自動車	100.00	当社製品の販売先。なお、当社より資金援助を受けています。
国瑞汽車㈱	桃園市 台湾	千新台湾ドル 3,460,000	自動車	70.00 (5.00)	当社製品の販売先。
タイ国トヨタ自動車㈱	Samutprakarn, Thailand	千タイ・バーツ 7,520,000	自動車	86.43	当社製品の販売先。
トヨタ ダイハツ エンジニアリング アンド マニュファクチャリング㈱	Samutprakarn, Thailand	千タイ・バーツ 1,300,000	自動車	100.00 (0.00)	自動車技術の研究開発の委託先。
トヨタ リーシング タイランド㈱ ＊1	Bangkok, Thailand	千タイ・バーツ 18,100,000	金融	87.44 (87.44)	当社製品にかかる販売金融。
トヨタ モーター コーポレーション オーストラリア㈱	Port Melbourne, Victoria, Australia	千豪ドル 481,100	自動車	100.00	当社製品の販売先。
トヨタ ファイナンス オーストラリア㈱ ＊2	St Leonards, New South Wales, Australia	千豪ドル 120,000	金融	100.00 (100.00)	当社製品にかかる販売金融。
トヨタ自動車（中国）投資㈲	北京市 中国	千米ドル 118,740	自動車	100.00	当社製品の販売先。
広汽トヨタエンジン㈲ ＊1	広州市 中国	千米ドル 670,940	自動車	70.00 (10.29)	当社製品の販売先。
トヨタ モーター ファイナンス チャイナ㈲ ＊1	北京市 中国	千中国元 4,100,000	金融	100.00 (100.00)	当社製品にかかる販売金融。
その他 520社 ＊1					

⦿point 業績等の概要

　この項目では今期の売上や営業利益などの業績がどうだったのか，収益が伸びたあるいは減少した理由は何か，そして伸ばすためにどんなことを行ったかということがセグメントごとに分かる。現在，会社がどのようなビジネスを行っているのか最も分かりやすい箇所だと言える。

名称	住所	資本金又は出資金	主要な事業の内容	議決権の所有割合(%)	関係内容
（持分法適用関連会社および共同支配企業）					
㈱デンソー ＊2	愛知県刈谷市	百万円 187,457	自動車	24.22 (0.04)	自動車部品の購入先。設備等の賃貸借…有 役員の兼任等…有
㈱SUBARU ＊2	東京都渋谷区	百万円 153,795	自動車他	20.04	業務資本提携。自動車の購入・販売先。自動車の共同開発。設備等の賃貸借…有
㈱豊田自動織機 ＊2	愛知県刈谷市	百万円 80,463	自動車	24.69 (0.00)	自動車車体および同部品の購入先。設備等の賃貸借…有 役員の兼任等…有
㈱アイシン ＊2	愛知県刈谷市	百万円 45,049	自動車	24.85 (0.02)	自動車部品の購入先。設備等の賃貸借…有 役員の兼任等…有
㈱ジェイテクト ＊2	愛知県刈谷市	百万円 45,591	自動車	22.72 (0.18)	自動車部品および工作機械の購入先。役員の兼任等…有
豊田合成㈱ ＊2	愛知県清須市	百万円 28,099	自動車	42.91 (0.04)	自動車部品の購入先。設備等の賃貸借…有
愛知製鋼㈱ ＊2	愛知県東海市	百万円 25,017	自動車	23.96 (0.02)	自動車部品の購入先。設備等の賃貸借…有 役員の兼任等…有
トヨタ紡織㈱ ＊2	愛知県刈谷市	百万円 8,400	自動車	31.01	自動車部品の購入先。設備等の賃貸借…有
豊田通商㈱ ＊2	愛知県名古屋市	百万円 64,936	自動車	21.88 (0.14)	原材料等の購入先。製品等の販売先。設備等の賃貸借…有
トヨタ不動産㈱	愛知県名古屋市	百万円 59,450	その他	24.46 (5.00)	設備等の賃貸借…有 役員の兼任等…有
一汽トヨタ自動車㈲	天津市中国	千米ドル 3,293,105	自動車	50.00 (4.23)	当社製品の販売先。
広汽トヨタ自動車㈲	広州市中国	千米ドル 1,333,896	自動車	50.00 (19.50)	当社製品の販売先。
広汽日野自動車㈲	広州市中国	千中国元 2,220,000	自動車	50.00 (50.00)	日野自動車㈱の自動車の販売先。
その他 155社 ＊2					

(注) 1 主要な事業の内容欄には，事業別セグメントの名称を記載しています。

2 ＊1：特定子会社に該当します。なお，（連結子会社）その他に含まれる会社のうち特定子会社に該当する会社は，トヨタファイナンシャルサービスインターナショナル（株）です。

3 ＊2：有価証券報告書または有価証券届出書を提出しています。なお，（持分法適用関連会社および共同支配企業）その他に含まれる会社のうち有価証券報告書を提出している会社は，次のと

---

point 競争激化で求められる革新スピード

かつての売れ筋レクサスが競争力のある新車を投入するドイツ車にシェアを奪われているようだ。確かに販売シェアは引き続き高水準だが，これは懸念材料だ。またエンジンなどの革新のスピードがライバルよりも遅く，燃費性能で後れを取っている。今後はライバルメーカーが投入する新車とトヨタのモデルの性能比較などに注目。

おりです。

(株)東海理化電機製作所，フタバ産業(株)，(株)小糸製作所，中央発條(株)，愛三工業(株)，大豊工業(株)，(株)ファインシンター，共和レザー(株)，ダイハツディーゼル(株)，トリニティ工業(株)，澤藤電機(株)，中央紙器工業(株)，(株)メタルアート，(株)ウェッズ

4　議決権の所有割合の（）内は，間接所有割合で内数です。

5　＊3：トヨタモーターノースアメリカ(株)は，営業収益（連結会社相互間の内部営業収益を除く）の連結営業収益に占める割合が100分の10を超えています。当連結会計年度における主要な損益情報等は，営業収益11,351,795百万円，税引前損失（△）△334,677百万円，トヨタモーターノースアメリカ(株)の親会社の所有者に帰属する当期損失（△）△391,993百万円，資本額825,215百万円，総資産額4,182,293百万円です。

6　023年3月31日現在，債務超過の金額が100億円以上である会社および債務超過の金額は，以下のとおりです。

トヨタ　モーター　マニュファクチャリング　ミシシッピー（株）	211,168百万円
トヨタ　モーター　マニュファクチャリング　ケンタッキー（株）	144,952百万円
トヨタ　モーター　マニュファクチャリング（UK）（株）	142,596百万円
トヨタ　モーター　マニュファクチャリング　インディアナ（株）	134,385百万円
ウーブン・アルファ（株）	89,042百万円
トヨタ　モーター　マニュファクチャリング　ノーザンケンタッキー（株）	68,346百万円
トヨタ　モーター　マニュファクチャリング　テキサス（株）	43,156百万円
トヨタ　モーター　マニュファクチャリング　グアナファト（株）	33,531百万円
日野モータース　マニュファクチャリング　U.S.A.（株）	32,139百万円

7　ウーブン・アルファ（株）は，2023年4月1日付でウーブン・プラネット・ホールディングス（株）およびウーブン・コア（株）と合併し，ウーブン・バイ・トヨタ（株）に社名変更しています。

5　従業員の状況

（1）　連結会社の状況

2023年3月31日現在

事業別セグメントの名称	従業員数（人）
自動車事業	332,425 [83,565]
金融事業	13,894 [1,436]
その他の事業	22,856 [8,851]
全社（共通）	6,060 [1,122]
合計	375,235 [94,974]

(注)　1　従業員数は就業人員数（当社および連結子会社（以下，トヨタという。）からトヨタ外への出向者を除き，トヨタ外からトヨタへの出向者を含む）であり，臨時従業員数は[ ]内に年間の平均人員を外数で記載しています。

(point) 北米の本社機能をテキサス州に集約

80年代に米国向け乗用車の自主規制から北米生産を検討，1984年にGMとの合弁会社を設立し北米生産を開始した。そして1988年には単独で米国，カナダでの生産を始めている。1989年に米国で「レクサス」の販売を開始。トヨタは中核となる経営構造を4つに分けており，第1トヨタに属する北米の本社機能はテキサス州へ集約されている。

2　臨時従業員には，期間従業員，パートタイマーおよび派遣社員が含まれています。

3　管理業務に従事する臨時従業員は，在籍部署のいかんを問わず自動車事業またはその他の事業に集計していましたが，当連結会計年度から，当該臨時従業員の管理部門への寄与を考慮し，全社（共通）セグメントに集計する方法に変更しています。

（2）　提出会社の状況 ･･

2023年3月31日現在

従業員数（人）	平均年齢（歳）	平均勤続年数（年）	平均年間給与（円）
70,056　[11,405]	40.6	16.2	8,954,285

事業別セグメントの名称	従業員数（人）
自動車事業	63,887 [10,232]
その他の事業	152 [　56]
全社（共通）	6,017 [　1,117]
合計	70,056 [11,405]

（注）1　従業員数は就業人員数（当社から社外への出向者を除き，社外から当社への出向者を含む）であり，臨時従業員数は[　]内に年間の平均人員を外数で記載しています。

　　　2　臨時従業員には，期間従業員，パートタイマーおよび派遣社員が含まれています。

　　　3　平均年間給与は，賞与および基準外賃金を含んでいます。

　　　4　管理業務に従事する臨時従業員は，在籍部署のいかんを問わず自動車事業またはその他の事業に集計していましたが，当事業年度から，当該臨時従業員の管理部門への寄与を考慮し，全社（共通）セグメントに集計する方法に変更しています。

(point) 生産及び販売の状況

　生産高よりも販売高の金額の方が大きい場合は，作った分よりも売れていることを意味するので，景気が良い，あるいは会社のビジネスがうまくいっていると言えるケースが多い。逆に販売額の方が小さい場合は製品が売れなく，在庫が増えて景気が悪くなっていると言える場合がある。

事業の状況

1 経営方針，経営環境及び対処すべき課題等

本項においては，将来に関する事項が含まれていますが，当該事項は2023年3月31日現在において判断したものです。

（1）会社の経営の基本方針 ···

トヨタは経営の基本方針を「トヨタ基本理念」として掲げており，その実現に向けた努力が，企業価値の増大につながるものと考えています。その内容は次のとおりです。

1. 内外の法およびその精神を遵守し，オープンでフェアな企業活動を通じて，国際社会から信頼される企業市民をめざす
2. 各国，各地域の文化，慣習を尊重し，地域に根ざした企業活動を通じて，経済・社会の発展に貢献する
3. クリーンで安全な商品の提供を使命とし，あらゆる企業活動を通じて，住みよい地球と豊かな社会づくりに取り組む
4. 様々な分野での最先端技術の研究と開発に努め，世界中のお客様のご要望にお応えする魅力あふれる商品・サービスを提供する
5. 労使相互信頼・責任を基本に，個人の創造力とチームワークの強みを最大限に高める企業風土をつくる
6. グローバルで革新的な経営により，社会との調和ある成長をめざす
7. 開かれた取引関係を基本に，互いに研究と創造に努め，長期安定的な成長と共存共栄を実現する

（2）トヨタフィロソフィー ···

トヨタはモビリティカンパニーへの変革を進めるために，改めて歩んできた道を振り返り，未来への道標となる「トヨタフィロソフィー」をまとめました。

トヨタはモビリティカンパニーとして移動にまつわる課題に取り組むことで，人や企業，コミュニティの可能性を広げ，「幸せを量産」することを使命としています。そのために，モノづくりへの徹底したこだわりに加えて，人と社会に対す

るイマジネーションを大切にし，様々なパートナーと共に，唯一無二の価値を生み出してまいります。

「トヨタフィロソフィー」

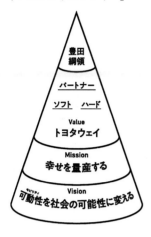

MISSION	わたしたちは、幸せを量産する。 技術でつかみとった未来の便利と幸福を 手の届く形であらゆる人に還元する。	
VISION	可動性（モビリティ）を社会の可能性に変える。 人、企業、自治体、コミュニティが できることをふやし、人類と地球の 持続可能な共生を実現する。	
VALUE	トヨタウェイ ソフト、ハード、パートナーの 3つの強みを融合し、唯一無二の 価値を生み出す。	

（3）　会社の対処すべき課題

　当社は2023年4月7日に新体制方針説明会を行いました。新体制のテーマは「継承と進化」です。私たちが培ってきた最も大切な価値観は「もっといいクルマをつくろうよ」です。『現場』でクルマを語り，お客様の笑顔のために努力し，もっといいクルマを追求し続けていきます。そして，世界37万人のトヨタの仲間と，仕入先，販売店の皆様と一緒に，全員でクルマをつくっていきます。クルマづくりはチームプレーです。「チームで，同時に，有機的に動く」経営スタイルで，未来への挑戦を加速してまいります。

目指す未来

　これから私たちはモビリティカンパニーへの変革を目指していきます。

　トヨタの使命は「幸せの量産」です。クルマがこれからも社会に必要な存在であり続けるためには，クルマの未来を変えていく必要があります。そのためのふたつの大きなテーマは「カーボンニュートラル」と「移動価値の拡張」です。

(point) 対処すべき課題

　有報のなかで最も重要であり注目すべき項目。今，事業のなかで何かしら問題があればそれに対してどんな対策があるのか，上手くいっている部分をどう伸ばしていくのかなどの重要なヒントを得ることができる。また今後の成長に向けた技術開発の方向性や，新規事業の戦略ついての理解を深めることができる。

カーボンニュートラル

　私たちはクルマのライフサイクル全体で，2050年カーボンニュートラルの実現に全力で取り組んでいきます。クルマづくりにおいては，エネルギーの未来と，地域毎の現実に寄り添って，マルチパスウェイを軸に，今後も多様な選択肢を追求していきます。

　まずは今すぐにできる電動化を徹底的にやっていきます。新興国も含めてハイブリッド車（HEV）の販売を強化し，プラグインハイブリッド車（PHEV）の選択肢も増やしてまいります。重要な選択肢のひとつであるBEVは，今後数年で，ラインアップを拡充します。

　BEVの開発，新しい事業モデルの構築に全力で取り組んでまいります。

　その先の水素社会の実現に向けたプロジェクトも加速してまいります。タイや福島での社会実装や，商用燃料電池車（FCEV）の量産化，そして，モータースポーツの場を活用した水素エンジン技術の開発など，産業や国を越えたパートナーの皆様と一緒に，水素を「使う」領域の拡大を進めていきます。さらに，エネルギー産業と連携し，カーボンニュートラル燃料の技術開発も進めてまいります。

　私たちは，新興国も含めて，誰ひとり取り残すことなく電動車の普及やCO_2の低減に取り組んでまいります。こうした全方位での取り組みにより，全世界で販売するクルマの平均CO_2排出量は2019年と比べて，2030年には33％，2035年には50％を越える削減レベルを目指します。2050年に向かってグローバルで，着実に，脱炭素を進めてまいります。

移動価値の拡張

　これからのクルマは電動化，知能化，多様化が進んでいくことで，社会とつながった存在になってまいります。ヒトの心が動く，感動するというMOVEやヒトやモノの移動に加えて，エネルギー，情報のMOVEを取り込み，データでひとつにつながっていきます。

　それにより，他のモビリティと連動したシームレスな移動体験や，社会インフラとしてのクルマの新しい価値を提供できるようになってまいります。そして，社会とつながったクルマは，通信や金融など人々の暮らしを支える様々なサービスとも密接につながり，モビリティを軸にした新しい付加価値の輪が広がってま

(point) 事業等のリスク

　「対処すべき課題」の次に重要な項目。新規参入により長期的に価格競争が激しくなり企業の体力が奪われるようなことがあるため，その事業がどの程度参入障壁が高く安定したビジネスなのかなど考えるきっかけになる。また，規制や法律，訴訟なども企業によっては大きな問題になる可能性があるため，注意深く読む必要がある。

いります。

トヨタモビリティコンセプト

　私たちが目指すモビリティ社会のあり方をまとめたものが、「トヨタモビリティコンセプト」です。安全・安心や運転する楽しさなどこれまで培ってきたクルマの本質的な価値を基盤にもっと社会の役に立つ存在へクルマを進化させていきます。

　そんな未来に向けて、今後、3つの領域で、モビリティカンパニーへの変革を進めてまいります。

　ひとつめは「モビリティ1.0」です。ここで目指すのは様々なMOVEをつなげてクルマの価値を拡張させていくことです。例えば、BEVには、電気を運ぶモビリティとしての新しい可能性があります。エネルギーグリッドとして社会のエネルギーセキュリティを高める役割も果たせます。また、知能化により、クルマやお客様から集まる情報を活用すれば、クルマはもっと進化できます。この新しいクルマづくりのカギを握るのが、ソフトウェア基盤の「Arene（アリーン）」です。最新のハードとソフトがつながり、クルマと様々なアプリも自由自在につながります。Areneは、こうした進化を支えるプラットフォームとして重要な役割を担っていきます。2026年の次世代BEVに向けてウーブン・プラネット・ホールディングス（株）（※）と一緒に全力で開発を進めてまいります。

※　ウーブン・プラネット・ホールディングス（株）は、2023年4月1日付でウーブン・バイ・トヨタ（株）に社名変更しています。

　ふたつめの「モビリティ2.0」で目指すのは新しい領域へのモビリティの拡張です。ご高齢の方々や過疎地にお住まいの方々、クルマ市場が成熟していない新興国など、私たちが、移動をお支えできていない方々が、たくさんいらっしゃいます。また、「空のモビリティ」など、新しい移動の可能性も広がっています。トヨタには、フルラインアップのクルマに加えて「e - Palette」などの新しいモビリティや、MaaS（モビリティ・アズ・ア・サービス）領域をはじめ、産業を越えた仲間とのネットワークがあります。こうした強みを生かし、今の事業範囲を越えて世界中のお客様の移動をお支えしていきたいと考えています。

　そして、「モビリティ3.0」は社会システムとの融合です。エネルギーや交通システム、物流、暮らしのあり方まで入り込み、街や社会と一体となったモビリティ

（point）水素燃料電池車の発売を決定

　2015年に燃料電池車を発売する。価格は700万円程度、乗車定員は4人になる予定。水素を燃料に発電し、モーターで走る電気自動車だが、航続距離が短い、充電時間が長いといった問題が改善されている。販売する国は政府が燃料補給インフラへの投資を約束している日本、米国（カリフォルニア州）、ドイツになるだろう。

のエコシステムをつくり，そして，ウェルビーイングを実現していく未来です。そのために，WovenCity（ウーブン・シティ）での実証実験を進めていきます。例えば，新しい物流の仕組みづくりや街と一体となった自動運転モビリティの開発，また，WovenCityを起点としたCO2フリー水素のサプライチェーン実証や暮らしの中で水素利用の可能性を広げる実証も進めてまいります。デジタルを活用したこれまでの実証に加えて，2025年からは，リアルな街での総合的な実証を加速し，パートナーとともに社会実装につなげていきます。

このモビリティコンセプトで最もお伝えしたいことは「クルマが進化した先にモビリティがある」ということです。

モビリティカンパニーへの変革の真ん中には，クルマがあります。クルマの持つ可能性を広げていきます。そのためには，これまで培ってきたもっといいクルマづくりと町いちばんの考え方を基盤にした進化が必要です。商品・地域を軸に，クルマの未来を変えていきます。

商品を軸にした経営

トヨタモビリティコンセプトの中心にあるクルマの価値を高め，更に，新しいモビリティや移動の自由を拡げ，社会システムの一部として，新たなサービスやエネルギーソリューションを提供します。その実現のカギを握る3つのアプローチは，電動化，知能化，多様化です。

電動化は，マルチパスウェイを軸に，それぞれの強みや特色を活かし，お客様や地域に合わせた電動化を進めてまいります。BEVはラインアップを拡充させ，2026年までに，新たに10モデルの投入を目指し，販売台数も年間150万台を想定します。

また，電池を極限まで効率よく使い，航続距離を2倍に，さらに心揺さぶる走りとデザインを兼ね備えた次世代BEVも2026年に投入を想定しています。

また，トヨタ生産方式（TPS）を活かし，仕事のやり方を変え，工程数を1/2に削減し，コネクテッド技術による無人搬送や，自律走行検査などにより，効率的なラインへシフトしたものづくりへ変えていきます。グローバル全工場での，2035年カーボンニュートラルにつなげていきます。サプライチェーンの構築も，仕入先と良品廉価な部品調達に一体となって取り組んでいきます。

(point) **部品共通化進展が大規模リコールリスクに**

品質が強みのトヨタだが，2009年に高級車レクサスのフロアマットとブレーキペダルで大規模リコールが発生し，品質問題が大きな話題になった。ちなみにその後，当局の調査結果では電子制御装置に欠陥は見つかっていない。保有台数が多いことや部品の共通化の進展により，今後も大規模な品質問題のリスクは小さくない。

この実現のため，全権を委ねたワンリーダーの下，開発，生産，事業，全ての機能を持つ専任組織を作ります。TNGAの効果で半減した開発原単位，内製投資など，磨いてきた競争力と1,000万台の力で新しい組織を全面的にサポートしていきます。

PHEVは，電池の効率を上げ，EV航続距離を200km以上に延ばすことで，プラクティカルなBEVと再定義し，開発を進めます。

FCEVは，商用車を軸に量産化にチャレンジしていきます。エネルギーである水素は軽く，航続距離が増えてもBEVと比較してさほど重くならず，スペースも減りにくいという特徴があります。また，エネルギー充填時間が短いため，利点を生かせる商用車から拡大していきます。

2つ目の知能化は，クルマ，サービス，社会でつながりを拡げていきます。

クルマの知能化は，先進安全技術やマルチメディアをはじめ，時代進化に合わせた機能のアップデートを，全てのクルマに順次広げ，次世代BEVでは，車両OSの進化と共に，走る，曲がる，止まるにこだわった，「乗り味」のカスタマイズも可能にしていきます。加えて，クルマの素性をより磨き上げる事で，もっとFun to Driveなクルマをハード，ソフトの両面で実現していきます。

サービスの知能化は，クルマとインフラ，街とを繋ぎ，新しいサービスを提供していきます。リアルタイムの交通情報を活用し，輸送効率を高める物流システムや最適なエネルギーマネジメントを行うシステムは本年，社会実装を開始します。街や公共施設と連携し，BEVの充電ネットワーク拡充，エネルギーグリッドや人々の暮らしを支える様々なサービスを提供していきます。この取り組みはレクサスで既に始まっています。

社会の知能化は，モビリティのテストコースと位置づけたWoven Cityで，人，クルマ，社会を繋げる様々な実証実験を行っていきます。物流領域でのコネクテッドサービス，その社会実装で明らかになった課題をWoven Cityで改善し，再び社会実装し知能化を加速させていきます。

3つ目の多様化は，クルマ，移動，エネルギー領域まで拡げていきます。

クルマの多様化は，ラインアップの拡充と，コネクテッドを活用したサービス，用品，部品ビジネスも新たなパートナーと共に拡げていきます。

(point) **車とスマホとの連携を積極的に推進**

トヨタは，G-Bookなど燃費技術と並んでクルマを差別化するツールとして，通信技術を充実させてきた。テレマティックス(携帯電話の通信システムを利用してサービス提供する機能)においてスマホを使い，使用可能アプリを追加していくことで付加価値を高めていくことができる。スマホはGPS機能を使用するため機能に限界があ

移動の多様化は，例えば，長年の福祉車両開発で培ったノウハウを生かし，ワンタッチで車いすを固定できる装置を開発し，実装を開始します。

　エネルギーの多様化は，水やフードロスなどの廃棄物から作った水素やバイオマスなどから作ったカーボンニュートラル燃料を使用した実証実験を日本やタイで始めています。また，エネルギー活用技術をモータースポーツの現場でも鍛え，社会への普及につなげていきます。

地域を軸にした経営

　トヨタは，HEVの性能と原価に磨きをかけ世代進化してきた結果，稼ぐ力を大きく向上させながら，未来への投資とステークホルダーの皆様との成長と，CO2排出量削減を両立してきました。これがまさに，もっといいクルマをベースとした，地域軸経営の成果だと考えています。これからもこの地域軸経営を更に深め，事業基盤を，いっそう強固なものにしていきます。

　そのために，まず向き合わなくてはならないのがカーボンニュートラルです。炭素に国境はありませんし，CO2排出量は待ったなしの課題です。できることから，すぐに始める必要があります。

　だからこそ，我々は，地域毎の電動化の進展度合いや多様なクルマの使われ方を踏まえ，電動車を少しでも早く，一台でも多く普及させるため，きめ細かな対応が必要です。故に，BEVのラインアップ強化とともに，HEV，PHEVなど，全てのパワートレーンの一層の魅力と競争力の強化を行っていきます。

　先進国では，BEVの準備と並行し，bZシリーズを中心に，品揃えを拡充していきます。米国では，2025年に3列SUVの現地生産を開始し，ノースカロライナ州で生産するバッテリーを搭載し，生産能力の増強を進めていきます。中国では，現地のニーズにあわせた現地開発のBEVを2024年に2モデル投入し，その後もモデル数を順次増強していきます。アジアをはじめとする新興国は，年内にBEVピックアップトラックの現地生産を開始するほか，小型BEVを投入し，伸び始めたBEVの需要にしっかりと対応します。先進国では，市場が成熟する中で電動車へのシフトが予想されます。一方，新興国は，新規や増車による市場の拡大が見込まれます。

　トヨタは，フルラインアップと稼げるHEV・PHEV，増強していくBEVの多

　り，ソフトに不安定な部分もあることからナビゲーションなどに不安が残るが，従来型のカーナビは大きな転機を迎えている。

様な選択肢で，グローバルの幅広い需要に確実にこたえ，更に成長していきます。新興国の成長には，収益力の上がったHEVで対応し，稼ぐ源泉とします。販売台数約1,000万台のバリューチェーンで幅広い事業機会も取り込んでいきます。加えて，TPSの強みを活かした原価低減とカイゼンの効果を発揮し，BEVやモビリティ領域の広がりに向けた未来の投資余力をこれまで以上に生み出し，カーボンニュートラルと成長を両立させる強い事業基盤を確立していきます。

　電動化・知能化・多様化の技術革新が進む中で，地域貢献，産業報国へのチャレンジも進めていきます。例えば，アメリカでは，人々のモノづくり離れや構造的なコスト増など，自動車産業は大きな課題に直面しています。現場で磨きあげた「匠の技能」と「知能化」を組み合わせ，新しいモノづくり・自働化工程を提案し，人不足の課題を解決しながら，アメリカにモノづくりを残す，という恩返しをします。タイのCP，サイアムセメントグループと協業し，電動化やコネクテッドの技術でクルマ・人・物・情報を繋げ，モビリティを社会のインフラの一部として活用した実装を開始します。こうした取り組みを通じ，深刻な渋滞や大気汚染，多発する交通事故などの地域課題の解決にチャレンジしていきます。

「クルマの未来を変えていこう」

　どんなに時代が変わってもトヨタは，「商品で経営」し，世界中で，お客様や社会の多様化にお応えし，幸せを量産していく会社です。グローバル，フルラインアップの力を磨いてきたトヨタだからこそ，目指せるモビリティ社会の未来があります。

　正解がない時代に，未来を変えていくのは意志と情熱にもとづく「行動」です。仲間とともに，常識にとらわれず，挑戦していきます。その先に，クルマ屋らしく，トヨタらしいモビリティの未来があると信じています。

　「クルマの未来を変えていこう」，モビリティカンパニーを目指す私たちのテーマです。このブレない軸のもと，意志と情熱をもって，挑戦してまいります。

日野自動車（株）およびダイハツ工業（株）の認証不正問題について

　2022年3月4日，連結子会社の日野自動車（株）は，日本市場向け車両用エンジンの排出ガスおよび燃費に関する認証申請における不正行為を確認し，公表しました。外部有識者で構成される特別調査委員会の調査報告書を受領，国土交

---

point ディーゼルエンジンの再投入を検討中

世界的に排ガス規制が強化されていることから，トヨタも燃費性能に優れるディーゼルエンジンの再投入を検討中。特に普及率の高い欧州では，ディーゼルエンジンの有無などが販売台数を大きく左右する。今後期待できる市場は認知度が高く長距離ドライブで優位性が評価される欧州と中国などのアジア市場だろう。

通省から立ち入り検査を受け，是正命令を受けました。10月7日には，再発防止策に関する報告書を国土交通省に提出しました。本件に関する経営責任の明確化として取締役・専務役員および専務役員4名の辞任，取締役の報酬減額，過去の代表取締役の報酬自主返納に加え，二度と不正を起こさないための「3つの改革」を策定・公表しています。「人，そして物の移動を支え，豊かで住みよい世界と未来に貢献する」という会社の使命に立ち返り，二度と不正を起こさないよう全社を挙げて取り組みを進めています。

2023年4月28日，連結子会社のダイハツ工業（株）は，同社が開発を行った海外向け車両の側面衝突試験の認証申請における不正行為を確認し，公表しました。その後の同社内での点検を行う中で，新たに，ダイハツ・ロッキーおよびトヨタ・ライズのHEV車のポール側面衝突試験に関する認証手続きに不正があることが判明し，公表しました。事実が判明後，速やかに審査機関・認証当局に報告・相談の上，認可対象国における該当車両の出荷・販売を停止しました。また，社内再試験を行い，試験で定められた基準を満足していることを確認し，報告しています。本件について，法律面および技術面での外部専門家から構成される第三者委員会を設置し，事案の全容解明および真因分析に加え，同社の組織の在り方や開発プロセスにまで踏み込んだ再発防止策の提言を委嘱しています。

2009年に発生した大規模リコールの問題の際に，世界中のお客様に対し，トヨタは「逃げない，隠さない，嘘をつかない」ことをお約束しました。それにも関わらず，当社グループでこうした問題が発生したことを大変重く受け止めています。本件の当社グループのクルマづくりのオペレーション上の問題については，執行トップである社長が責任をもって改善に取り組み，ガバナンスやコンプライアンスに関する部分は，会長が責任をもって取り組んでまいります。

当社グループとして，2023年5月12日にグループ各社トップが集まり，「当社グループとして誠実にものづくりに向き合う」べく，当社グループとしての認識を新たにしました。現在，当社も含め各社が全社を挙げて，これまでのガバナンスの在り方などにつき，改めて検討し，徹底的に見直しを始めています。本件についても，個人や職場の問題としてではなく，個人や職場が不正を行わざるを得なかった会社全体の問題としてとらえ，ダイハツ工業（株）と共に現場の声に

(point) **財政状態，経営成績及びキャッシュ・フローの状況の分析**

「事業等の概要」の内容などをこの項目で詳しく説明している場合があるため，この項目も非常に重要。自社が事業を行っている市場は今後も成長するのか，それは世界のどの地域なのか，今社会の流れはどうなっていて，それに対して売上を伸ばすために何をしているのか，収益を左右する費用はなにか，などとても有益な情報が多い。

耳を傾けながら，丁寧に対応してまいります。

　当社グループの現場は，みんなが「もっといいクルマをつくろう」という気持ちを持っています。トヨタは，問題が発生した時には，全員が必ず立ち止まり，現地現物で真因を追求し，改善し，再発防止に取り組んでいく会社です。これは，創業以来ずっと大切にしてきたトヨタの思想です。当社グループ各社が，今一度，この思想に立ち戻り，各社のトップ自らが，それぞれの現場と向き合い，問題をあぶり出し，一つ一つ改善していく，この地道な努力を続けていく以外に，信頼回復の道はありません。一日も早く，お客様の信頼を取り戻せるよう，グループ一丸となって取り組んでまいります。

三菱ふそうトラック・バス（株）と日野自動車（株）の統合に関する基本合意書の締結について

　2023年5月30日，当社は，ダイムラートラック社，三菱ふそうトラック・バス（株）および日野自動車（株）と，CASE技術開発の加速を目指すとともに，三菱ふそうトラック・バス（株）と日野自動車（株）を統合する基本合意書を締結しました。当社は，ダイムラートラック社，三菱ふそうトラック・バス（株）および日野自動車（株）と，グローバルでのCASE技術開発・商用車事業の強化を通じたカーボンニュートラルの実現，豊かなモビリティ社会の創造に向けて協業してまいります。

　三菱ふそうトラック・バス（株）と日野自動車（株）は対等な立場で統合し，商用車の開発，調達，生産分野で協業し，グローバルな競争力のある日本の商用車メーカーを構築できるよう取り組んでまいります。当社とダイムラートラック社は，両社統合の持株会社（上場）の株式を同割合で保有予定であり，水素をはじめCASE技術開発で協業，統合会社の競争力強化を支えます。

　なお，新会社の名称，所在地，体制，協業の範囲や内容については，協議の上，2024年3月期中の最終契約締結，2024年中の統合完了を目標として進めてまいります。

2　サステナビリティに関する考え方及び取組

　当社のサステナビリティに関する考え方及び取組は，次のとおりであります。

(point) Toyota New Global Architecture

　このプラットフォームは，「もっといい車を作ろうよ」というトヨタの平凡ながらも一貫したスローガンを追求したもので，車高が低く車幅が広いスタンスで運転性能の改善を目指している。またクルマ構成での基本的な部品／部位の共有化を進めることで，車両開発の効率をコスト面だけでなく，開発期間面でも短縮化させることを狙う。

なお，文中の将来に関する事項は，当連結会計年度末現在において当社が判断したものであります。

（1）　ガバナンス

当社は，創業以来，「豊田綱領」の精神を受け継ぎ，「トヨタ基本理念」に基づいて事業活動を通じた豊かな社会づくりを目指してまいりました。2020年には，その思いを礎に「トヨタフィロソフィー」を取り纏め，「幸せの量産」をミッションに掲げて，地域の皆様から愛され頼りにされる，その町いちばんの会社を目指しています。そのトヨタフィロソフィーのもと，サステナビリティ推進に努めています。

当社では，外部環境変化・社会からの要請などを把握し，より重要性・緊急性が高い課題に優先的に取り組むために，取締役会の監督・意思決定のもと，次のような推進体制にて関係部署と密に連携しながら，環境・社会・ガバナンスなどのサステナビリティ活動を継続的に推進・改善しています。

また，サステナビリティ活動に関して外部ステークホルダーとのエンゲージメントや情報発信をリードする責任者としてChief Sustainability Officer（CSO）を任命しています。

＜サステナビリティ推進体制図＞

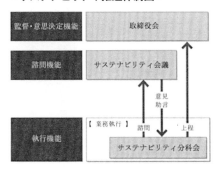

ただ，グローバル・アーキテクチャーが完全に浸透するには最低でも5年はかかるだろうという声がある。また新しいプラットフォームの開発はVW（ヴォルクス・ワーゲン）などに対し遅れているとされている。

	サステナビリティ会議	サステナビリティ分科会
議長	取締役社長	総務・人事副本部長（サステナビリティ担当）
メンバー	社外役員3名 Chief Sustainability Officer Chief Human Resources Officer 他 幹部職2名	議題のテーマに合わせ、環境・財務・人事等、関連部署の役員・部長級が参加
開催頻度	原則年2回	原則年4回
内容	・サステナビリティに関連する重要案件について、持続的成長に向けた外部意見・助言を経営に反映し、企業価値向上に貢献する	・サステナビリティ推進に関する業務執行 ・重要案件をサステナビリティ会議に諮問し、取締役会に上程

(2) リスク管理

　当社は，カーボンニュートラル，CASE※など自動車産業を取り巻く状況や価値観の大変革時代において，常に新たな挑戦が求められるなか，不確実性への対応としてリスクマネジメントを強化してまいります。

　各地域，機能，カンパニーが相互に連携・サポートし，グローバル視点で事業活動において発生するリスクを予防・緩和・軽減するために，リスクマネジメントの責任者としてChief Risk Officer（CRO），Deputy CRO（DCRO）および，各地域のリスクマネジメント統括として地域CROを任命し，以下の推進体制を構築しています。迅速な対応が必要な重要リスクについては，CRO/DCROより，逐次，取締役会・その他必要なマネジメント会議にて取り上げ，協議しています。

※　CASEとは，Connected（コネクティッド），Autonomous/Automated（自動化），Shared（シェアリング），Electric（電動化）の頭文字をとった略称

＜リスクマネジメント推進体制＞

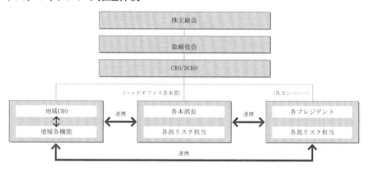

また，リスクマネジメントシステムの仕組みとして，ISO や COSO（Committee for Sponsoring Organizations of the Treadway Commission）を基盤とする全社的リスク管理フレームワーク，Toyota Global Risk Management Standard（TGRS）に基づきリスクの想定・特定・評価を実施しています。

(3) 人的資本に関する考え方及び取り組み

当社グループにおいては，「モノづくりは人づくり」との理念の下で，創業当初より人材育成に注力してまいりました。

自動車産業が，100 年に 1 度の大変革期のなか，当社グループでは，「継承と進化」をテーマに掲げ，「もっといいクルマをつくろう」，「世界一ではなく，町いちばんへ」，「自分以外の誰かのために」といったトヨタらしさを引き継ぐとともに，未来にむけて，「モビリティカンパニーへの変革」を実現するために，全力で取り組みを進めつつあります。

こうした正解のない時代のなかで，豊田綱領に象徴される創業期の理念・トヨタらしさを守り，トヨタフィロソフィーを道標にクルマの未来を切り開いていくためには，トヨタで働く一人ひとり，まさにグローバル 37 万人の仲間が，同じ思いを共有し，「チームで，同時に，有機的に動いていくこと」，そして，そのための人づくりが求められていきます。

グローバル全体としては，全地域へのフィロソフィーの浸透に加え，グローバル幹部候補向けの研修をはじめとする様々な機会を通して，本社と地域事業体が一体となり，トヨタの「思想・技・所作（トヨタフィロソフィー・トヨタ生産方式（TPS）等）」を軸とした人材育成の共通基盤づくりを強化しています。また，地域事業体においても，地域特性や多様なお客様ニーズに応じ，地域に根差した人材戦略の策定と実行を，機動力よく推進するための体制整備を促進しています。

当社においては，育成を含む人への投資について，労使の間でも継続的な対話を続けてきています。「会社は従業員の幸せを願い，従業員は会社の発展を願う」という労使共通の価値観の下，2023 年 3 月の労使による話し合いにおいては，当社の最大の財産は「人」であるという共通認識に立ち，未来に向けた諸施策について，労使間での議論を実施するとともに，スピーディな変革に繋がるよう，

特徴を持つ。東日本大震災などで業績低迷が目立った 3/12 期などは，一時的にこの事業が営業利益の 9 割近くを占めた。自動車を販売するための販売金融であるため，自動車事業の一部とみていいだろう。

具体的な取り組みまで確認してまいりました。

　環境変化のスピードが速く，先の見えない時代において，未来に向けた変革を実現するためには，様々な挑戦が必要となってきます。一方で，挑戦をし続けていくためには，乗り越え，解消すべき課題も多数存在することから，取り組むべき課題について，以下のとおり整理しています。

＜取り組むべき課題＞
- 失敗を恐れず，挑戦し続けるための余力づくりや風土づくり
- 多様な個性を備えた人材が集まり，一人ひとりが能力を最大限に発揮できるよう，世代ごとに，ライフステージごとに，一人ひとりの価値観や就労観が異なることを踏まえた，「個」に寄り添った仕組みの整備
- 変革期の最中にある自動車産業全体に対しての貢献

　こうした課題を乗り越え，「だれもが，いつでも，なんどでも，失敗を恐れずに挑戦できる」会社となることを目指して，「多様性」「成長」「貢献」の3つを柱とした諸施策の実現，および，その柱を支えるための土台の強化に向けて，以下の取り組みを推進しています。

① 多様性
- ● 性別を問わず仕事と生活，育児，介護を両立できる環境の整備
- 両立制度の更なる拡充
  - ―育児のための両立制度対象となる子の年齢引き上げ（2023年6月以降）
  - ―育児・介護のための時短勤務時間延長回数の制限撤廃（2023年7月）
  - ―「多様性：自分らしい人生を」の一層の促進に向け，労使で議論
- 希望者全員がパートナー育休を取得できる環境整備（2023年内希望者100％取得）
- 全従業員を対象としたダイバーシティ研修の強化
- ● 本人のキャリア希望を尊重する施策の実施
- 社内公募の本格導入（2023年10月から，キャリア採用枠を社内にも開放）※
- 社内FA制度の新設（若手社員向けとして，2024年4月導入を目指す）※
- キャリア実現のサポート（専門家によるキャリアコンサルティングサポート

を提供）

② 成長

● 挑戦・失敗を価値とみるプロセスや評価

・課題創造型でチャレンジを一層促す評価制度の導入（2024年4月）

● 「脱機能・脱個社」で現場感・相場観習得

・「現地現物」「社外」の実践研修

　―管理職任用前の社外経験（出向・出張・研修等）を原則必須化（3年以内に実現）

　―現場主体の人材育成予算の確保・拡充

● 職種を超えるチャレンジのサポート

・職種の線引き緩和（2024年1月より業務職の職種変更制度を導入）

③ 貢献

● グループ・仕入先との人材交流・マッチングの活性化

・グループ・仕入先各社の人材ニーズ（出向・出張・研修/若手・中堅・ベテランなど）に応える支援パッケージの拡充

● 働く人を支えるアセットのグループ活用促進

・サテライトオフィス，託児所，研修所などの資産の共同利用をグループ各社へ拡大

　―将来的にはアセットの相互利用も視野

　―グループ各社や海外ネットワークの強みを活かしたグループ・地域支援

④ 3つの柱の土台

● 多様性/チャレンジの余力のためのリソース増強

・業務の効率化により創出したリソース相当の約700名を採用※

・将来の価値創造を促す職場環境に活用

● 個に向き合うマネジメントのサポート

・管理業務の改廃による更なる負荷低減，役割の定義を踏まえた教育，マネジメント業務の適正な評価

・部下の多様なキャリア志向に対し，専門家によるコンサルティングサポート

　※　主に事務・技術関連の職場で実施する施策

（4） 気候変動対応（TCFDに基づく気候関連財務情報開示） ·················

　トヨタは気候変動対応において，2050年カーボンニュートラル実現に向け，地球規模でチャレンジすることを宣言しています。グローバルでチャレンジするために，地域によって異なるエネルギー事情を考慮し，世界各国・地域の状況に対応した多様な選択肢を提供することで，需要動向にすばやく対応していきます。

　またトヨタは，金融安定理事会「気候関連財務情報開示タスクフォース（TCFD）」の提言に2019年4月に賛同・署名しており，気候変動のリスク・機会とその分析について，適切な情報開示を進めています。

① ガバナンス

a. 気候関連のリスクと機会についての，取締役会による監視体制

　トヨタは，取締役会において気候関連課題を扱うことにより，社会動向に応じた戦略の立案・実行が，効果的に行われると考えています。取締役会は，戦略/主要な行動計画/事業計画の審議と監督を行う場であり，気候関連の重要な事案が生じた時に，議題として上程されます。

　取締役会では，気候関連課題に対応するための定性的あるいは定量的な目標の進捗モニタリングも行います。モニタリングは，気候関連課題になりうる，例えば，燃費・排出ガス規制など製品関連のリスクや機会，低炭素技術開発に関するリスクや機会，それらによる財務的影響などを考慮して行われます。また，このガバナンスメカニズムを「トヨタ環境チャレンジ2050」を含む長期戦略の策定，中長期目標およびアクションプランの立案・見直しに活かしています。

　2022年における取締役会での意思決定の事例として，以下があげられます。

　気候変動に関してカーボンニュートラルを重要案件として特定し，2050年カーボンニュートラルに向けた移行計画を立案することが取締役会に報告され，承認されました。また，需要が拡大するバッテリーEV（BEV）の供給に向け，日米で車載用電池の生産能力を最大40GWh増強する投資を決定しました。

b. 気候関連のリスクと機会を評価・管理する上での経営の役割

　気候関連課題に対応する最終的な意思決定・監督機関は取締役会となりま

(point) 成長著しい東南アジア地域で強みを発揮

　トヨタは成長市場のタイやインドネシアでトップシェアを有するなど，ASEANで強い。需要が好調な一方，中国・インド等の大国に比べて競合企業が少ないことから，収益性も高めだ。タイやインドネシアでの生産はコスト競争力が強いと推定され，輸出拠点としての重要性も今後高まって行きそうだ。壊れにくさなどの品質に対する評

す。また，主に以下の会議体が，気候関連のリスクと機会について評価し，管理を行っています。

	サステナビリティ会議 （諮問機能）	サステナビリティ分科会 （執行機能）	製品環境委員会	生産環境委員会
気候関連課題の取締役会への報告頻度	—	重要な事案が生じたとき	重要な事案が生じたとき	重要な事案が生じたとき
役割	● サステナビリティに関連する重要案件について，持続的成長に向けた外部意見・助言を経営に反映し，企業価値向上に貢献する	● サステナビリティ推進に関する業務執行 ● 重要案件をサステナビリティ会議に諮問し，取締役会に上程	● 製品に関するリスク・機会の評価、戦略／企画立案・実行、およびモニタリングなどを実施	● 工場／生産活動に関するリスク・機会の評価、対応策決定、およびモニタリングなどを実施

② 戦略

a. 組織が特定した短期・中期・長期の気候関連のリスクと機会

　トヨタは環境問題から生じる様々なリスクと機会の把握に努めており，「トヨタ環境チャレンジ2050」などの戦略が妥当かどうかを常に確認しながら取り組みを進め，競争力の強化を図っています。

　なかでも気候変動については，政府による規制強化への対応を含め，新技術の採用など様々な領域での対策が必要になると考えられます。また気候変動が進むことによって，気温の上昇や海水面の上昇，台風や洪水など，自然災害の激化も予想されます。これらは，当社の事業領域にも様々な影響を及ぼす可能性があり，事業上のリスクになりますが，適切に対応できれば競争力の強化や新たな事業機会の獲得にもつながると認識しています。この認識に基づき，気候変動に関するリスクを整理し，影響度やステークホルダーからの関心も踏まえ，特に重要度の高いリスクをリスク管理プロセスに沿って特定しました。

価や，ブランド，販売力が他社を大幅に上回っていることから好調な販売が続くとみられる。

重要度の高いリスク／機会と対応

	リスク	機会	トヨタの対応	シナリオ分析	
				公表政策に基づく社会像	1.5℃以下の社会像
燃費規制・ZEV規制の強化（電動化対応）	● 燃費規制未達による罰金 ● ZEV規制対応遅れによる販売台数減 ● 内燃機関の製造施設の減損	● 電動車の販売増 ● 電動化システム外販による収益増	● 燃費・電費性能の向上に向けた研究開発の推進 ● 電池への投資拡大、リソースシフト ● 電動化システムの販売開始 ● 電動車ラインアップの拡充 ● 既販車への対策	影響は現在の延長線上　→	影響は拡大　↗
カーボンプライシングの導入・拡大	● 炭素税などの導入による生産・調達コスト増加	● 省エネルギー技術導入推進によるエネルギーコスト削減 ● エネルギー供給源多様化によるエネルギーセキュリティの向上	● 徹底したエネルギー削減、再生可能エネルギー・水素の利用推進 ● サプライヤーとも連携した排出削減の推進	影響は現在の延長線上　→	影響は拡大　↗
自然災害の頻発化・激甚化	● 自然災害による生産拠点の被害やサプライチェーン寸断による生産停止の発生	● 災害時の自動車からの給電ニーズ拡大による電動車の需要増加	● 適応の取り組みとして災害経験を踏まえた継続的な事業継続計画（BCP）見直し ● サプライヤーと連携した情報収集強化で調達停滞を回避	影響は拡大　↗	影響は現在の延長線上　→

b. 気候関連のリスクと機会が組織のビジネス，戦略および財務計画に及ぼす影響

　気候関連課題が，事業，戦略，財務計画に大きく影響を与える可能性があるとの認識のもと，気候関連課題に伴うリスクや機会を踏まえて，戦略を随時見直しています。以下の表は，事業，戦略，財務計画に与える具体的な影響について説明しています。

　トヨタでは，Toyota Global Risk Management Standard（TGRS）という仕組みのもと，リスクを特定してその重要度を決定し，優先付けています。

分野	製品とサービス	サプライチェーン／ バリューチェーン	研究開発に対する投資	適応活動と緩和活動
重要な 気候関連 リスク	● 各国の脱炭素に向けた **規制リスク** （燃費・GHG※¹排出規制など） ※1 温室効果ガス	● 各国の脱炭素に向けた **規制リスク** （燃費・GHG排出規制など）	● 各国の脱炭素に向けた **規制リスク** （燃費・GHG排出規制など） ● 消費者ニーズの変化などの **市場リスク**	● カーボンプライシングや脱 炭素の導入のような**規制 リスク** ● 低炭素・再生可能エネル ギー価格の高騰などの削 減コストの増加といった **市場リスク**
戦略への 影響	以下の戦略の策定に影響 ● 長期戦略（2050年目標）：2015年「トヨタ環境チャレンジ2050」発表 ● 中期戦略（2030年目標）：2018年「2030マイルストーン」発表、2022年SBTi※²認定・承認の取得 ● 短期戦略（2025年目標）：2020年「第7次トヨタ環境取組プラン」発表 ※2 Science Based Targets initiative：CDP,国連グローバルコンパクト,World Resources Institute,世界自然保護基金によって設立されたイニシアティブ			
影響の 履歴	● 「新車CO₂ゼロチャレンジ」 として、CO₂削減の数値目 標を設定 ● 2022年SBTiより、Scope3 カテゴリ11に関する目標 の承認 ● 2021年には、2030年にBEV 350万台の販売を目指すこと を発表 ● 2023年4月には、新たな新 車の平均GHG排出量の目 標とともに、2026年BEV販 売台数150万台を基準に ベースを定めることを発表	● 「ライフサイクルCO₂ゼロ チャレンジ」として、バ リューチェーン全体のCO₂ 削減の数値目標を設定 ● 中期戦略では、以下を考慮 ● 電動車製造のための電 池製造や廃棄 ● サプライヤーとの連携 ● リサイクルに関するリスク や機会	● 「新車CO₂ゼロチャレンジ」 として、電動車の販売目標 を設定 ● 電動車の研究開発を推進 するに当たりR&D※³費用の 上昇を想定 ● 2021年には、2030年にBEV 350万台の販売を目指すこと を発表 ● 2023年4月には、新たな新 車の平均GHG排出量の目標と ともに、2026年BEV販売台数 150万台を基準にベースを 定めることを発表 ※3 Research & Development： 研究開発	● 「工場CO₂ゼロチャレンジ」 として、オペレーションに 関わるCO₂削減目標を設定 ● 2021年には、2035年に工場 のカーボンニュートラル （CN）を目指すことを発表 ● 2022年SBTiより、Scope1,2 に関する目標の認定

c. ビジネス，戦略および財務計画に対する2℃シナリオなどのさまざまなシナリ
オ下の影響

＜STEP1＞

気候変動影響を踏まえた社会像の設定

　気候変動やそれに伴う各国の政策などにより，自動車業界やモビリティ社会
全体が大きな変化にさらされる可能性があり，それらはトヨタにとってリスク
や機会となります。リスクと機会の分析を踏まえ，IEA※1などのシナリオ※2
を用いて2030年ごろを想定した外部環境として，「公表政策に基づく社会像」
「1.5℃以下の社会像」の2つの社会像を描きました。

※1　International Energy Agency：国際エネルギー機関

※2　IPCC※3のRepresentative Concentration Pathways（RCP）4.5相　当，IEAのStated Policies
　　Scenario（STEPS），Sustainable Development Scenario（SDS），Net Zero Emissions by 2050

Scenario（NZE）などのシナリオを参照し設定

※3　Intergovernmental Panelon Climate Change：気候変動に関する政府間パネル

＜STEP2＞

トヨタへのインパクト

STEP1で描いた各社会像におけるトヨタへの影響を検討しました。気候変動対策が進む「1.5℃以下の社会像」の社会においては，新車販売に占めるZEV※1の比率が大幅に高まり，カーボンニュートラル燃料※2の利用も広がると言われています。また生産や調達への影響として，炭素税などの導入や税率引上げによってコストが上昇する可能性があるため，省エネルギー技術，再生可能エネルギーや水素などの利用を拡大していくことがリスク低減につながります。

一方で，「公表政策に基づく社会像」に描かれるように，社会全体の気候変動対策が十分ではない場合には，洪水などの自然災害の頻発や激甚化による生産停止や，サプライチェーン寸断による減産や生産停止などの可能性が高まると考えています。

※1　ZEV（Zero Emission Vehicle）：BEVやFCEVなど，走行時にCO_2やNOxなどを排出しないクルマ

※2　バイオ燃料，合成燃料など

＜STEP3＞

トヨタの戦略

トヨタは2021年4月に，2050年カーボンニュートラル実現に向けた取り組みを地球規模でチャレンジすることを宣言しました。環境車は，普及してこそ温室効果ガス（GHG）の排出量削減に貢献できると考え，各地域のお客様に選んでいただけるように多様な技術の開発（マルチパスウェイ）に取り組んでいます。その一つの方策として，ハイブリッド車（HEV），プラグインハイブリッド車（PHEV），バッテリーEV（BEV），燃料電池自動車（FCEV）など，電動車の環境技術開発を加速しています。また，電動車だけでなく，水素燃料・水素エンジン車，カーボンニュートラル燃料などの開発にも取り組んでいます。

現在，世界の約200の国・地域で販売を行っていますが，それぞれ，経済状況，エネルギー政策，産業政策，お客様のニーズなどが大きく異なっています。

このため，各々の国・地域にとって最適となるよう，多様な電動車の選択肢を提供する戦略が重要であると考えています。

この電動化戦略に基づき，これまで累計2,250万台の電動車を世界で販売（2023年2月時点）し，いち早く気候変動のリスクに対応してきました。

今後，BEVについては，専用プラットフォームによるモデルを順次導入，電池の開発・生産戦略などを通じてプラクティカル（実用的）な車両供給に取り組んでいきます。

2026年までに10モデルを新たに投入し，BEV販売台数も年間150万台を基準にペースを定め，2030年にはグローバル販売台数で年間350万台を目指します。

BEV以外にも，全方位で電動化戦略に取り組み，今後の市場に変化があれば，電動車の販売台数などを，今までの経験で得た強みも活かして，柔軟かつ戦略的に変更することで，各地域のお客様に選んでいただき普及を加速させていきます。

「1.5℃以下の社会像」において，例えば，お客様ニーズの変化に伴い電池需要が増加した場合でも，パートナーとの協力強化や新たなパートナーとの協力体制の検討，トヨタと資本関係のあるサプライヤーによる生産体制の迅速な立ち上げなどによって柔軟に対応することで，カーボンニュートラルの実現に向けて取り組んでいきます。

また，電動車を増やすことに加え，モード燃費に反映されないものの，CO2排出削減効果のあるオフサイクル技術※に取り組んでいます。さらに，既販車にも利用可能なカーボンニュートラル燃料や，水素燃料・水素エンジン車などのように，CO2排出量削減に寄与する技術は多様であり，こうした技術の選択を広げることにチャレンジしています。

※　オフサイクル技術：「高効率ライト」「廃熱回収」「能動的な空力改善」「日射・温度制御」など，実走行燃費向上につながる技術があり，米国では改善効果に相当するクレジットを付与する制度がある

カーボンニュートラルの実現

自動車産業におけるカーボンニュートラルの実現には，再生可能エネルギーや充電インフラなどのエネルギー政策と，購入補助金，サプライヤー支援，電

池リサイクルシステムの整備などの産業政策の一体的な運用が不可欠であり，各国政府や業界団体など様々なステークホルダーと連携した取り組みが必要となってきます。

　トヨタはグローバルに事業活動を展開するうえで，各国政府と電動化推進に向けた環境整備について連携し，ライフサイクル全体でのCO_2排出量削減に資する電動化戦略を推進しています。

　生産分野での取り組みとしては，グローバルで2035年に工場のカーボンニュートラルをめざすことを発表し，炭素税などのリスクにも備えていきます。工場では，徹底的な省エネルギー技術と再生可能エネルギー・水素の導入によるCO_2排出量削減を推進しており，欧州の工場では既に電力100％を再生可能エネルギー化しています。

戦略的レジリエンスの強化

　自然災害に対処する取り組みを推進し，BCPを策定するとともに，情報収集の強化によるサプライチェーンの強靭化やコミュニケーションの強化に取り組んでいます。

　そして，自動車産業だけではなく，あらゆる業界と協力し，サステナブルなだけではなくプラクティカルな取り組みにより，「1.5℃以下の社会像」で描く社会にも対応できるようチャレンジを継続しています。

　このほか，安定的な資金調達や持続的な企業価値向上につなげるために，各種ESG評価指標に対する適切な情報開示や，機関投資家をはじめとするステークホルダーの皆様との対話の充実を通じて，トヨタの戦略の妥当性と進捗を確認しています。

③　リスク管理

a.　組織が気候関連のリスクを特定および評価するプロセス

　グローバルな事業活動に関わるすべてのリスクを対象とした全社横断的リスク管理の仕組みであるTGRSに基づき，気候変動を含むすべてのリスクを抽出し，評価，対応を実施しています。

　リスク評価は，「影響度」と「脆弱性」の2つの観点で実施され，これにより事業に対する実質的な財務・戦略的影響が明確化されます。

「影響度」は，「財務」「レピュテーション」「法規制違反」「事業継続」の各要素について５段階で評価されています。（「財務」は売上高に対する割合を指標化）

「脆弱性」は，「対策の現状」と「発生可能性」の２つの指標で評価されます。

b. 組織が気候関連のリスクを管理するプロセス

各部署にて抽出され，影響度や脆弱性の観点から評価された地域別，機能別（生産・販売など），製品別のリスクに対し，各地域や各部門が相互に連携・サポートしながら迅速に対応します。各部門の本部長や社内カンパニープレジデントがカンパニーの活動を統括し，その下位では部長が部署の活動を統括，対応策の実行およびモニタリングを実施します。

さらに気候関連のリスクおよび機会については，「製品環境委員会」「生産環境委員会」「サステナビリティ分科会」においても特定，評価され，担当部署や関係役員による審議を行います。「製品環境委員会」では燃費規制や調達などについて，「生産環境委員会」では工場のCO2排出規制や水リスクなどの直接操業について，「サステナビリティ分科会」ではサステナビリティ推進に関する課題や社外ステークホルダーを考慮した取り組みの妥当性などについて，対応状況のモニタリングや見直しを実施します。

上記会議体は，重要な事案が生じたときに開催され，技術・環境・財務・調達・営業といった関連部署の役員・部長級が参加します。これらの会議体での検討により，年複数回リスク評価を実施しています。なお，迅速な対応が必要となる重要なリスクおよび機会については，逐次取締役会へ報告され，対応が決定されます。

c. 組織が気候関連のリスクを特定・評価および管理するプロセスが，組織の総合的なリスク管理にどのように統合されているか

前述のように，TGRSを用いたプロセスは，気候変動をはじめ，グローバルな事業活動に関わるすべてのリスクおよび機会を対象とした全社横断的なリスク管理の仕組みです。

また，関係部署が集まる「製品環境委員会」「生産環境委員会」「サステナビリティ分科会」では，気候関連のリスクおよび機会について特定・評価を実施

し，対応策が検討されます。

④　指標及び目標

a. 組織が自らの戦略とリスク管理プロセスに即して，気候関連のリスクと機会を評価するために用いる指標

　　トヨタは，複数の指標を設定し，複合的に気候関連のリスクと機会を管理することが，気候変動への適応とその緩和に向けた対策として重要だと認識しています。このため指標には，GHG排出量のほか，気候変動と深く関係する，エネルギー，水，資源循環，生物多様性なども含まれています。

　　これらの指標を考慮して以下の目標を定め，「6つのチャレンジ」という6分野の取組みにより体系的に推進しています。

　　・長期（2050年目標）：「トヨタ環境チャレンジ2050」
　　・中期（2030年目標）：「2030マイルストーン」，SBTi認定・承認
　　・短期（2025年目標）：「第7次トヨタ環境取組プラン」

　　「6つのチャレンジ」のうち，2050年のカーボンニュートラルに向けては，以下の「チャレンジ」の推進により，2050年のScope1,2,3カーボンニュートラルをめざします。

取り組み	対象範囲とScope1,2,3の関係
ライフサイクルCO_2ゼロチャレンジ	Scope1,2,3
新車CO_2ゼロチャレンジ	Scope3由来のカテゴリー11の新車の走行における平均GHG排出量*1
事業活動全体	Scope1,2+自主的な取り組み*2
工場CO_2ゼロチャレンジ	生産拠点のScope1,2+自主的な取り組み*2

*1　台当たり，gCO_2e/km，Well to Wheel：走行時に排出するGHGに加え，燃料，電力の製造段階で排出するGHGも含む
*2　財務連結会社以外のトヨタ自動車ブランドの生産拠点

　　また，2035年に工場のカーボンニュートラルをめざすことを2021年に発表しています。社内では一定の炭素価格を指標として設備投資などの検討に活用しています。

b. 気候関連のリスクと機会を管理するために用いる目標，および目標に対する実績

　環境戦略の体系

　　トヨタは常に世の中の動きやお客様の声を把握し，何に注力すべきかを考え，

将来の課題をいち早く察知し，新たな発想と技術で課題解決を推進してきました。しかし，気候変動，水不足，資源枯渇，生物多様性低下などの地球環境問題は日々拡大，深刻化しています。

これらの問題に私たち一人ひとりが向き合い，20年，30年先の世界を見据えて挑戦を続けていくため，2015年に「トヨタ環境チャレンジ2050」を，2018年に「2030マイルストーン」を策定しました。そして，上記目標を実現するための5カ年計画である「環境取組プラン」の最新目標として，「2025年目標」を2020年に設定しました。

2022年9月には，SBTiからScope1,2とScope3 Category11の削減目標について認定・承認を取得し，これに準じて中期目標を更新しました。

SBTiから目標の認定・承認*

対象		目標年	基準年	削減率	設定・承認区分
Scope1,2		2035	2019	68%	1.5℃
Scope3 Category11（排出原単位）	乗用車、小型商用車	2030		33.3%	Well Below 2℃
	中型貨物車、大型貨物車			11.6%	

*SBTiは，科学的根拠による基準を用いて，企業のScope1,2の削減目標が世界平均の気温上昇を，産業革命前に比べ1.5℃未満に抑制する基準に合致していることを認定。自動車メーカーに関しては，この認定とともに，Scope3 Category11の排出原単位gCO2e/km）の削減目標について，「世界平均の気温上昇を，産業革命前に比べ2℃を十分に下回る水準に抑制する基準」に合致していることを承認

また2023年4月には，全世界で販売する新車の走行における平均GHG排出量の2030年33%，2035年50%以上削減（2019年比）を目指すことを公表しました。

中長期のめざす姿を描き，そこからバックキャストした具体的取り組みを，世界中の連結会社やビジネスパートナーと一丸となり推進することで，持続可能な社会の実現を目指しています。

長期目標と中期目標

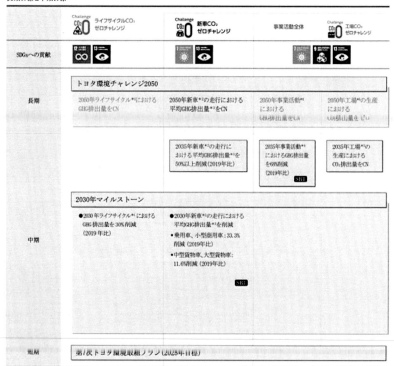

*1 トヨタ自動車・財務連結会社の事業活動のエネルギー消費に伴うGHG排出量、およびトヨタ自動車・財務連結会社ブランドのクルマに関連する取引先やお客様における GHG 排出量が対象(Scope1,2,3)(2050 年はトヨタ自動車のみ対象)
*2 トヨタ自動車・財務連結会社ブランドの完成車が対象(Scope3 カテゴリー11)(2035,2050 年はトヨタ自動車のみ対象)
*3 台当たり、gCO₂e/km、Well to Wheel:走行時に排出するGHGに加え、燃料、電力の製造段階で排出するGHGも含む
*4 トヨタ自動車・財務連結会社の事業活動のエネルギー消費に伴うGHG排出量、および財務連結会社以外のトヨタ自動車ブランドの生産における GHG 排出量が対象(Scope1,2・自主的な取り組み)
*5 トヨタ自動車・財務連結会社の工場のエネルギー消費に伴うCO₂排出量、および財務連結会社以外のトヨタ自動車ブランドの生産における CO₂排出量が対象(Scope1,2・自主的な取り組み)

	Challenge 水環境インパクト 最小化チャレンジ	Challenge 循環型社会・ システム構築チャレンジ	Challenge 人と自然が共生する 未来づくりへのチャレンジ
SDGsへの貢献			
長期	トヨタ環境チャレンジ2050 各国地域事情に応じた水使用量の最小化と排水の管理	日本で培った「適正処理」やリサイクルの技術・システムのグローバル展開を目指す	自然保全活動の輪を地域・世界とつなぎ、そして未来へつなぐ
中期	2030年マイルストーン ●水環境インパクトが大きいと考える地域から優先的に対策実施 水量：北米・アジア・南アフリカのチャレンジ優先工場4拠点で対策完了 水質：北米・アジア・欧州の河川に排水する全22拠点でインパクト評価と対策の完了 ●適切な情報開示と、地域社会・サプライヤーとの積極的対話の実施	●電池回収から再資源化までのグローバルな仕組みの構築完了 ●廃車適正処理のモデル施設を30カ所設置完了	●「自然と共生する工場」を、日本国内12工場、他の地域7工場で実現 また、地域・企業と連携した自然共生活動をすべての地域で実施 ●NGOなどとの連携による生物多様性保護活動への貢献 ●未来を担うEco人材を社内外で育む施策の拡充
短期	第7次トヨタ環境取組プラン（2025年目標）		

（5） カーボンニュートラル実現に向けた取り組み

　当社グループは，2021年4月に，2050年カーボンニュートラル実現に向けた取り組みを地球規模でチャレンジすることを宣言しました。今すぐ，かつ着実にCO2の排出量を削減できるプラクティカル（実用的）な電動車の普及と，地域毎のエネルギー事情やクルマの使われ方の現実に寄り添ったサステイナブル（持続可能）な選択肢を提供しています。

3　事業等のリスク

　以下において，トヨタの事業その他のリスクについて，投資家の判断に重要な影響を及ぼす可能性のある事項を記載しています。ただし，以下はトヨタに関するすべてのリスクを網羅したものではなく，記載されたリスク以外のリスクも存在します。かかるリスク要因のいずれによっても，投資家の判断に影響を及ぼす可能性があります。

　本項においては，将来に関する事項が含まれていますが，当該事項は有価証券報告書提出日（2023年6月30日）現在において判断したものです。

（1）　市場および事業に関するリスク

①　自動車市場の競争激化

　世界の自動車市場では激しい競争が繰り広げられています。トヨタは，ビジネスを展開している各々の地域で，自動車メーカーとの競争に直面しています。近年，自動車市場における競争はさらに激化しており，厳しい状況が続いています。また，世界の自動車産業におけるCASEなどの技術革新が進むことによって，競争は今後より一層激化する可能性があり，業界再編につながる可能性もあります。競争に影響を与える要因としては，製品の品質・機能，安全性，信頼性，燃費，革新性，開発に要する期間，価格，カスタマー・サービス，自動

(point) **本格普及には課題も多い燃料電池車**

　燃料電池自動車は水素を燃料として使用し，電気自動車（BEV）と同様に二酸化炭素を一切排出しない環境及びエネルギー問題を解決できる次世代自動車だ。実用化に向けての課題は耐久性とコストといわれている。また，水素製造，供給に関する課題も多く残っている。水素ステーションや製造設備のコストが高いこと，水素製造過程で

車金融の利用条件，各国の税制優遇措置等の点が挙げられます。競争力を維持することは，トヨタの既存および新規市場における今後の成功，販売シェアにおいて最も重要です。トヨタは，エンジン車から電動車へのお客様のニーズの変化など，昨今の自動車市場の急激な変化に的確に対応し，今後も競争力の維持強化に向けた様々な取り組みを進めていきますが，将来優位に競争することができないリスクがあります。競争が激化した場合，自動車の販売台数の減少や販売価格の低下などが起きる可能性があり，それによりトヨタの財政状態，経営成績およびキャッシュ・フローが悪影響を受けるリスクがあります。

② **自動車市場の需要変動**

　　トヨタが参入している各市場では，今までも需要が変動してきました。各市場の状況によって，自動車の販売は左右されます。トヨタの販売は，世界各国の市場に依存しており，各市場の景気動向はトヨタにとって特に重要です。当連結会計年度においては，地政学的な緊張を背景としてエネルギー価格などが高騰し，先進国および新興国ともに消費者物価の上昇が加速しました。8月以降は，各国中央銀行による金融引き締めペースの加速に伴う世界経済の減速懸念により，需要減少の動きが見られました。自動車市場においては，世界的な半導体の需給ひっ迫・部品供給不足による，グローバルでの生産制約が継続しましたが，年度後半に向け緩和していきました。このような需要の変化は現在でも続いており，この状況が今後どのように推移するかは不透明です。今後トヨタの想定を超えて需要の変化が継続または悪化した場合，トヨタの財政状態，経営成績およびキャッシュ・フローが悪影響を受ける可能性があります。また，需要は，販売・金融インセンティブ，原材料・部品等の価格，燃料価格，政府の規制（関税，輸入規制，その他の租税を含む）など，自動車の価格および自動車の購入・維持費用に直接関わる要因により，影響を受ける場合があります。需要が変動した場合，自動車の販売台数の減少や販売価格の低下などが起きる可能性があり，それによりトヨタの財政状態，経営成績およびキャッシュ・フローが悪影響を受けるリスクがあります。

　　二酸化炭素を多く排出してしまうこと，などがある。トヨタはBMWと技術提携して燃料電池自動車を開発している。

③ **お客様のニーズに速やかに対応した，革新的で価格競争力のある新商品を投入する能力**

　製品の開発期間を短縮し，魅力あふれる新型車でお客様にご満足いただくことは，自動車メーカーにとっては成功のカギとなります。特に，品質，安全性，信頼性，サステナビリティにおいて，お客様にご満足いただくことは非常に重要です。世界経済の変化や技術革新に伴い，自動車市場の構造が急激に変化している現在，お客様の価値観とニーズの急速な変化に対応した新型車を適時・適切にかつ魅力ある価格で投入することは，トヨタの成功にとってこれまで以上に重要であり，技術・商品開発から生産にいたる，トヨタの事業の様々なプロセスにおいて，そのための取り組みを進めています。しかし，トヨタが，品質，安全性，信頼性，スタイル，サステナビリティ，その他の性能に関するお客様の価値観とニーズを適時・適切にかつ十分にとらえることができない可能性があります。また，トヨタがお客様の価値観とニーズをとらえることができたとしても，その有する技術，知的財産，原材料や部品の調達，原価低減能力を含む製造能力またはその他生産性に関する状況により，価格競争力のある新製品を適時・適切に開発・製造できない可能性があります。また，トヨタが計画どおりに新製品の投入や設備投資を実施し，製造能力を維持・向上できない可能性もあります。お客様のニーズに対応する製品を開発・提供できない場合，販売シェアの縮小ならびに営業収益と利益率の低下を引き起こすリスクがあります。

④ **効果的な販売・流通を実施する能力**

　トヨタの自動車販売の成功は，お客様のご要望を満たす流通網と販売手法に基づき効果的な販売・流通を実施する能力に依存します。トヨタはその参入している各主要市場につきお客様の価値観または地政学的な緊張関係や規制環境において，変化に効果的に対応した流通網と販売手法を展開できない場合は，営業収益および販売シェアが減少するリスクがあります。

⑤ **ブランド・イメージの維持・発展**

　競争の激しい自動車業界において，ブランド・イメージを維持し発展させることは非常に重要です。ブランド・イメージを維持し発展させるためには，ト

ヨタグループおよび仕入先が法令遵守を徹底し，お客様の価値観やニーズに対応した安全で高品質の製品を提供すること，また，ステークホルダーの皆様への迅速かつ適切な情報発信を通じ，ステークホルダーの皆様の信頼をさらに高めていくことが重要です。また，企業としてサステナビリティに貢献することの重要性も高まっています。

しかし，トヨタグループや仕入先があらゆる場面において，それを徹底できるとは限りません。例えば，2022年3月4日，連結子会社の日野自動車(株)は，日本市場向け車両用エンジンの排出ガスおよび燃費に関する認証申請における不正行為を確認し，公表しました。また，2023年4月28日，連結子会社のダイハツ工業(株)は，同社が開発した海外向け車両の側面衝突試験の認証申請における不正行為を確認し，公表しました。日野自動車(株)およびダイハツ工業(株)の認証不正問題に関しては，「1　経営方針，経営環境及び対処すべき課題等 (3) 会社の対処すべき課題」を参照ください。

さらに，トヨタまたは仕入先がサステナビリティに貢献しない，または気候変動やサプライチェーンにおける人権保護など，特定のサステナビリティに関する目標または目的を達成できない場合，トヨタのブランド・イメージが低下する可能性があります。トヨタのブランド・イメージを効果的に維持し発展させることができなかった場合，営業収益と利益率の低下を引き起こすリスクがあります。

⑥　**仕入先への部品・原材料供給の依存**

トヨタは，部品や原材料などの調達部品を世界中の複数の競合する仕入先から調達する方針を取っていますが，調達部品によっては他の仕入先への代替が難しいものもあり，特定の仕入先に依存しているものがあります。また，かかる特定の仕入先からの調達ができない場合，当該部品等の調達がより困難となり，生産面への影響を受ける可能性があります。さらに，トヨタが直接の取引先である一次仕入先を分散していたとしても，一次仕入先が部品調達を二次以降の特定の仕入先に依存していた場合，同様に部品の供給を受けられないリスクもあります。仕入先の数に関わらず，トヨタが調達部品を継続的にタイムリーかつ低コストで調達できるかどうかは，多くの要因の影響を受けますが，それ

ら要因にはトヨタがコントロールできないものも含まれています。それらの要因の中には，仕入先が継続的に調達部品を調達し供給できるか，またトヨタが，仕入先から調達部品を競争力のある価格で供給を受けられるか等が含まれます。このような能力に悪影響を与える可能性のある状況には，地政学的な緊張や，経済制裁などの政府の行動が含まれます。特定の仕入先を失う，またはそれら仕入先から調達部品をタイムリーもしくは低コストで調達できない場合，トヨタの生産に遅延や休止またはコストの増加を引き起こす可能性があり，トヨタの財政状態，経営成績およびキャッシュ・フローに悪影響が及ぶ可能性があります。

⑦　**金融サービスにおける競争の激化**

世界の金融サービス業界では激しい競争が繰り広げられています。自動車金融の競争激化は，利益率の減少を引き起こす可能性があります。この他トヨタの金融事業に影響を与える要因には，トヨタ車の販売台数の減少，中古車の価格低下による残存価値リスクの増加，貸倒率の増加および資金調達費用の増加が挙げられます。

⑧　**デジタル情報技術および情報セキュリティへの依存**

トヨタは，機密データを含む電子情報を処理・送信・蓄積するため，または製造・研究開発・サプライチェーン管理・販売・会計を含む様々なビジネスプロセスや活動を管理・サポートするために，第三者によって管理されているものも含め，様々な情報技術ネットワークやシステムを利用しています。さらに，トヨタの製品にも情報サービス機能や運転支援機能など様々なデジタル情報技術が利用されています。これらのデジタル情報技術ネットワークやシステムは，安全対策が施されているものの，ハッカーによる不正アクセスやコンピュータウィルスによる攻撃，トヨタが利用するネットワークおよびシステムにアクセスできる者による不正使用・誤用，開発ベンダー・クラウド業者など関係取引先からのサービスの停止，電力供給不足を含むインフラの障害，天災などによって被害や妨害を受ける，または停止する可能性があります。特にサイバー攻撃や他の不正行為は苛烈さ，巧妙さ，頻度において脅威を増しており，そのような攻撃の標的であり続ける恐れがあります。このような事態が起きた場合，重

要な業務の中断や，機密データの漏洩，トヨタ製品の情報サービス機能・運転支援機能などへの悪影響のほか，法的請求，訴訟，賠償責任，罰金の支払い義務などが発生する可能性もあります。その結果，トヨタのブランド・イメージや，トヨタの財政状態，経営成績およびキャッシュ・フローに悪影響を及ぼす可能性があります。さらに，トヨタの取引先やビジネスパートナーに対する同様の攻撃は，トヨタにも同様の悪影響を与える可能性があります。

⑨ **気候変動および低炭素経済への移行**

　気候変動リスクは，日本および世界で，社会面，規制を含む政治面での関心が高まっています。これらのリスクには，気候変動による物理的リスクや低炭素経済への移行リスクが含まれます。

　気候変動の物理的リスクには，台風，洪水，竜巻など突発的な気象変化に起因する影響と，気温上昇，海面上昇，干ばつ，山火事の増加など，長期的な気象変化による影響の両方が含まれます。トヨタは Business Continuity Plan（BCP）を策定していますが，異常気象による大規模災害は，トヨタならびに仕入先および取引先の従業員，施設およびその他の資産に損害を与える可能性があり，トヨタの生産，販売またはその他の事業運営に悪影響を及ぼす可能性があります。大規模な災害はまた，お客様の財政状態に悪影響を及ぼし，トヨタの製品およびサービスの需要に悪影響を与える可能性があります。

　低炭素経済への移行リスクとは，気候関連のリスクを軽減するための規制，技術，および市場の変化やその対応に伴うリスクです。例えば，トヨタは，気候変動に関する法律，規制，政策の変更，気候変動に対処するための技術革新，市場構造の変化を捉えた自動車産業への新規参入者などの要因により，自動車に対するお客様のニーズが変化するリスクにさらされています。お客様のニーズの変化は，トヨタが部品や原材料などの調達部品を継続的かつ競争力のある価格で調達するために，新たな供給網の確立や既存の供給網の強化が必要になるなど，付随的なリスクや課題をもたらす可能性があります。トヨタは，そのようなリスクの顕在化の結果として，またはリスク軽減やリスク対応の努力の結果として，多額の費用および支出を負担する可能性があります。また，お客様のニーズに対応する製品を開発・提供できない場合，販売シェアの縮小なら

びに営業収益と利益率の低下を引き起こすリスクがあります。

　トヨタは，トヨタの事業やビジネスパートナーに関する気候変動関連事項の開示を公表しています。この開示には，トヨタの予想に基づき，将来の見通しに関する記述が含まれており，結果的にこれらが実現できない可能性があります。また，気候変動に関する取り組みは意図した結果をもたらさない可能性があり，目標の達成時期やコスト，達成能力に関する予測は，リスクと不確実性を伴います。その結果，気候変動関連の目標が達成できない恐れがあります。特に，中長期にわたるトヨタの気候変動関連の目標の達成には，多大なリソースと投資，ならびに新たなコンプライアンス，リスク管理システム，内部統制およびその他の内部手続の導入が必要です。また，トヨタがコントロールできない環境・エネルギー規制，政策の変更，技術革新，顧客や競合他社の行動等にも影響を受けます。気候変動関連の目標を達成できない，または達成できないとみなされた場合，トヨタのブランド・イメージ，財務状況，経営成績に悪影響を及ぼす可能性があります。詳細については，「2　サステナビリティに関する考え方及び取組（4）気候変動対応（TCFDに基づく気候関連財務情報開示）」を参照ください。

⑩　**優秀で多様な人材の確保と育成**

　事業環境の急激な変化やモビリティカンパニーへの変革に向けた取り組みを進めるにあたり，優秀で多様な人材を確保し，育成し続けることが重要です。しかしながら，そのような人材の獲得競争は激しく，トヨタが高い専門性や豊富な経験を持つ多様な人材を計画通りに採用，定着化できない場合，または成長に必要な機会，教育，リソースを提供できない場合，競争力低下につながり，トヨタの財政状態，経営成績およびキャッシュ・フローに悪影響を与える可能性があります。

(2)　金融・経済のリスク ……………………………………………………………

①　**為替および金利変動の影響**

　トヨタの収益は，外国為替相場の変動に影響を受け，主として日本円，米ドル，ユーロ，ならびに豪ドル，加ドルおよび英国ポンドの価格変動によって影

(point) **金融危機を教訓に盤石の財務基盤を構築**

　トヨタの財務戦略を見ると，財務基盤悪化を招いたリーマン・ショックを経験したことから，資金力を維持することが基本となっている。株主資本比率は過去10年間で35〜40％で推移しており，完璧とは言えない。しかし数兆円のキャッシュを常に維持していることから，資金面での安定性は抜群だ。そしてこれが「トヨタ銀行」と言

響を受けます。トヨタの連結財務諸表は，日本円で表示されているため，換算リスクという形で為替変動の影響を受けます。また，為替相場の変動は，外国通貨で販売する製品および調達する材料に，取引リスクという形で影響を与える可能性があります。特に，米ドルに対する円高の進行は，トヨタの経営成績に悪影響を与える可能性があります。

為替相場および金利の変動リスクを軽減するために，現地生産を行い，先物為替予約取引や金利スワップ取引を含むデリバティブ金融商品を利用していますが，依然として為替相場と金利の変動は，トヨタの財政状態，経営成績およびキャッシュ・フローに悪影響を与える可能性があります。為替変動の影響およびデリバティブ金融商品の利用に関しては，「4 経営者による財政状態，経営成績及びキャッシュ・フローの状況の分析（2）経営者の視点による経営成績等の状況に関する分析・検討内容①概観 d. 為替の変動」および連結財務諸表注記 19 ならびに 20 を参照ください。

② **原材料価格の上昇**

鉄鋼，貴金属，非鉄金属（アルミ等），樹脂関連部品など，トヨタおよびトヨタの仕入先が製造に使用する原材料価格の上昇は，部品代や製造コストの上昇につながり，これらのコストを製品の販売価格に十分に転嫁できない，あるいは仕入先がこれらのコストを十分に吸収できない結果，トヨタの将来の収益性に悪影響を与える可能性があります。資材価格の高騰は，2023年3月期の業績に悪影響を及ぼしており，2024年3月期の業績においても影響が継続すると予想しています。

③ **金融市場の低迷**

世界経済が急激に悪化した場合，多くの金融機関や投資家は，自らの財務体力に見合った水準で金融市場に資金を供給することが難しい状況に陥る可能性があります。その結果，企業がその信用力に見合った条件で資金調達をすることが困難になる可能性があります。必要に応じて資金を適切な条件で調達できない場合，トヨタの財政状態，経営成績およびキャッシュ・フローが悪影響を受ける可能性があります。

われる理由だ。今後は設備投資や，研究開発など資金をしっかり有効活用することが求められるだろう。

(3) 政治・規制・法的手続・災害等に関するイベント性のリスク ……………

① 自動車産業に適用される政府の規制

　　世界の自動車産業は，自動車の安全性や排ガス，燃費，騒音，公害をはじめとする環境問題などに関する様々な法律と政府の規制の適用を受けています。特に，安全面では，法律や政府の規制に適合しない，またはその恐れのある自動車は，リコール等の市場処置の実施が求められます。さらに，トヨタはお客様の安心感の観点から，法律や政府の規制への適合性に関わらず，自主的に販売停止やリコール等の市場処置を実施する可能性もあります。トヨタが市場に投入した車両にリコール等の市場処置が必要となった場合（リコール等に関係する部品はトヨタが第三者から調達したものも含む），製品のリコール等にかかる費用を含めた様々な費用が発生する可能性があります。また，多くの政府は，価格管理規制や為替管理規制を制定しています。さらに，規制を遵守できなかった場合，法的手続，リコール，改善措置の交渉，罰金，政府承認の取り消しやその他の政府制裁の賦課，製品提供の制限，補償金，あるいは日野自動車（株）が排出ガスや燃費試験に関する不正行為に関連して生じたような不利益をもたらす可能性があります。詳細については，「1　経営方針，経営環境及び対処すべき課題等 (3) 会社の対処すべき課題」を参照ください。トヨタは，国際貿易の動向や政策の変化に関する費用を含むこれらの規制に適合するために費用を負担し，今後も法令遵守のために費用が発生する可能性があります。また，新しい法律または現行法の改正により，トヨタの今後の費用負担が増えるリスクがあります。このように，市場処置を講じたり法律や政府の規制へ適合するために多額の費用が発生した場合，トヨタの財政状態，経営成績およびキャッシュ・フローに悪影響を与える可能性があります。

② 法的手続

　　トヨタは，製造物責任，知的所有権の侵害等，様々な法的手続の当事者となる可能性があります。また，株主との間で法的手続の当事者となったり，行政手続または当局の調査の対象となる可能性もあります。現在トヨタは，行政手続および当局の調査を含む，複数の係属中の法的手続の当事者となっています。トヨタが当事者となる法的手続で不利な判断がなされた場合，ト

ヨタの評判，ブランド・イメージ，財政状態，経営成績およびキャッシュ・フローに悪影響が及ぶリスクがあります。政府の規制等の法的手続の状況については連結財務諸表注記30を参照ください。

③ **自然災害，感染症，政治動乱，経済の不安定な局面，燃料供給の不足，インフラの障害，戦争，テロまたはストライキの発生**

トヨタは，全世界で事業を展開することに関連して，様々なイベントリスクにさらされています。これらのリスクとは，自然災害，感染症の発生・蔓延，政治・経済の不安定な局面，燃料供給の不足，天災などによる電力・交通機能・ガス・水道・通信等のインフラの障害，戦争，テロ，ストライキ，操業の中断などが挙げられます。トヨタが製品を製造するための材料・部品・資材などを調達し，またはトヨタの製品が製造・流通・販売される主な市場において，これらの事態が生じた場合，トヨタの事業運営に障害または遅延をきたす可能性があります。トヨタの事業運営において，重大または長期間の障害ならびに遅延が発生した場合，トヨタの財政状態，経営成績およびキャッシュ・フローに悪影響が及ぶリスクがあります。

3 経営者による財政状態，経営成績及びキャッシュ・フローの状況の分析

(1) 経営成績等の状況の概要 ………………………………………………

① 経営成績の状況

当連結会計年度の世界経済は，地政学的な緊張を背景としたエネルギー価格などが高騰し，先進国および新興国ともに消費者物価の上昇が加速しました。8月以降は，各国中央銀行による金融引き締めペースの加速に伴う世界経済の減速懸念により，需要減少の動きが見られました。

このような経営環境の中，トヨタは，お客様の期待を超える「もっといいクルマづくり」に取り組んできました。商品を軸にした経営を進めるため，走る・曲がる・止まるに関わるクルマの基本部分で高い性能を実現した「TNGA（トヨタ・ニュー・グローバル・アーキテクチャー）」，どんなジャンルのクルマでも情熱と責任をもって考えるための「カンパニー制」，各地域の市場特性やお客様ニーズに対応する「地域制」に取り組んだことで，グローバル・フルラインアップでバラン

スの取れた事業構造に変化しました。これらの取り組みにより，当期に発売した
クルマは，TNGAのプラットフォームを活用し，スピーディーに開発・展開が出
来ています。また，「クラウン」，「GRカローラ」はロングセラーのブランド力を
活かし，時代のニーズにあわせたラインアップを構築しています。

　当連結会計年度における日本，海外を合わせた自動車の連結販売台数は，882
万2千台と，前連結会計年度に比べて59万1千台（7.2%）の増加となりました。
日本での販売台数については，206万9千台と，前連結会計年度に比べて14万
5千台（7.5%）増加しました。海外においても，675万3千台と，前連結会計年
度に比べて44万6千台（7.1%）の増加となりました。

　当連結会計年度の業績については，次のとおりです。

営業収益	37兆1,542億円	（前期比増減	5兆7,747億円（18.4%））
営業利益	2兆7,250億円	（前期比増減	△2,706億円（△9.0%））
税引前利益	3兆6,687億円	（前期比増減	△3,217億円（△8.1%））
親会社の所有者に帰属する当期利益	2兆4,513億円	（前期比増減	△3,987億円（△14.0%））

　なお，営業利益の主な増減要因は，次のとおりです。

営業面の努力	6,800億円
為替変動の影響	1兆2,800億円
原価改善の努力	△1兆2,900億円
諸経費の増減・低減努力	△5,250億円
その他	△4,156億円

　事業別セグメントの業績は，次のとおりです。

a．自動車事業

　営業収益は33兆8,200億円と，前連結会計年度に比べて5兆2,142億円
（18.2%）の増収となりましたが，営業利益は2兆1,806億円と，前連結会計
年度に比べて1,036億円（4.5%）の減益となりました。営業利益の減益は，資
材高騰の影響などによるものです。

b．金融事業

　営業収益は2兆8,096億円と，前連結会計年度に比べて4,856億円（20.9%）

の増収となりましたが，営業利益は4,375億円と，前連結会計年度に比べて2,194億円（33.4％）の減益となりました。営業利益の減益は，米国の販売金融子会社において，金利スワップ取引などの時価評価による評価損が計上されたことなどによるものです。

c. その他の事業

営業収益は1兆2,249億円と，前連結会計年度に比べて950億円（8.4％）の増収となり，営業利益は1,034億円と，前連結会計年度に比べて611億円（144.6％）の増益となりました。

所在地別の業績は，次のとおりです。

a. 日本

営業収益は17兆5,831億円と，前連結会計年度に比べて1兆5,917億円（10.0％）の増収となり，営業利益は1兆9,014億円と，前連結会計年度に比べて4,780億円（33.6％）の増益となりました。営業利益の増益は，為替変動の影響などによるものです。

b. 北米

営業収益は13兆8,439億円と，前連結会計年度に比べて2兆6,774億円（24.0％）の増収となりましたが，営業利益は前連結会計年度に比べて6,405億円減少し，747億円の損失となりました。営業利益の減少は，資材高騰の影響および米国の販売金融子会社において，金利スワップ取引などの時価評価による評価損が計上されたことなどによるものです。

c. 欧州

営業収益は4兆2,737億円と，前連結会計年度に比べて4,058億円（10.5％）の増収となりましたが，営業利益は574億円と，前連結会計年度に比べて1,055億円（64.7％）の減益となりました。営業利益の減益は，ロシアでの生産事業終了による損失計上の影響などによるものです。なお，当連結会計年度におけるロシアでの生産事業終了による影響額は995億円となり，欧州における影響額は898億円です。

d. アジア

営業収益は8兆449億円と，前連結会計年度に比べて1兆5,143億円（23.2%）の増収となり，営業利益は7,144億円と，前連結会計年度に比べて421億円（6.3%）の増益となりました。営業利益の増益は，為替変動の影響ならびに生産および販売台数の増加などによるものです。

e. その他の地域（中南米，オセアニア，アフリカ，中東）

営業収益は3兆4,721億円と，前連結会計年度に比べて5,440億円（18.6%）の増収となりましたが，営業利益は2,313億円と，前連結会計年度に比べて68億円（2.9%）の減益となりました。営業利益の減益は，資材高騰の影響などによるものです。

② **財政状態の状況**

当連結会計年度末における財政状態については，次のとおりです。

資産合計は74兆3,031億円と，前連結会計年度末に比べて6兆6,144億円（9.8%）の増加となりました。負債合計は45兆389億円と，前連結会計年度末に比べて4兆5,050億円（11.1%）の増加となりました。資本合計は29兆2,642億円と，前連結会計年度末に比べて2兆1,093億円（7.8%）の増加となりました。

③ **キャッシュ・フローの状況**

当連結会計年度末における現金及び現金同等物の残高は7兆5,169億円と，前連結会計年度末に比べて1兆4,033億円（23.0%）の増加となりました。

当連結会計年度のキャッシュ・フローの状況と，前連結会計年度に対するキャッシュ・フローの増減は，次のとおりです。

営業活動によるキャッシュ・フロー

当連結会計年度の営業活動によるキャッシュ・フローは，2兆9,550億円の資金の増加となり，前連結会計年度が3兆7,226億円の増加であったことに比べて，7,675億円の減少となりました。

投資活動によるキャッシュ・フロー

当連結会計年度の投資活動によるキャッシュ・フローは，1兆5,988億円の資金の減少となり，前連結会計年度が5,774億円の減少であったことに比べて，1兆213億円の減少となりました。

財務活動によるキャッシュ・フロー

　当連結会計年度の財務活動によるキャッシュ・フローは，561億円の資金の減少となり，前連結会計年度が2兆4,665億円の減少であったことに比べて，2兆4,103億円の減少幅の縮小となりました。

④　生産，受注及び販売の実績

a.　生産実績

　当連結会計年度における生産実績を事業別セグメントごとに示すと，次のとおりです。

事業別セグメントの名称		当連結会計年度 （2023年3月31日に 終了した1年間）	前期比（％）
自動車事業	日本	3,788,593　台	+1.3
	北米	1,768,437	+0.9
	欧州	771,307	+9.1
	アジア	1,858,509	+24.0
	その他	507,186	+9.6
	計	8,694,032	+6.6

（注）1　「自動車事業」における生産実績は，車両（新車）生産台数を示しています。
　　　2　「自動車事業」における「その他」は，中南米，アフリカからなります。

b.　受注実績

　当社および連結製造子会社は，国内販売店，海外販売店等からの受注状況，最近の販売実績および販売見込等の情報を基礎として，見込生産を行っています。

c.　販売実績

　当連結会計年度における販売実績を事業別セグメントごとに示すと，次のとおりです。

事業別セグメントの名称		当連結会計年度 （2023年3月31日に 終了した1年間）		前期比（％）	
		数量	金額（百万円）	数量	金額
自動車事業	車両	8,821,872　台	28,394,256	+7.2	+19.6
	生産用部品	－	1,710,422	－	+13.7
	部品	－	2,866,196	－	+19.1
	その他	－	805,995	－	△8.5
	計	－	33,776,870	－	+18.4
金融事業		－	2,786,679	－	+20.8
その他の事業		－	590,749	－	+9.1
合計		－	37,154,298	－	+18.4

（注）1　主要な相手先別の販売実績については，当該販売実績の総販売実績に対する割合が100分の10未満
　　　　であるため，主要な相手先別の販売実績および当該販売実績の総販売実績に対する割合の記載を省
　　　　略しています。
　　　2　「自動車事業」における「車両」の数量は，車両（新車）販売台数を示しています。
　　　3　金額は外部顧客への営業収益を示しています。

　前述の当連結会計年度における「自動車事業」の販売数量を，仕向先別に示す
と，次のとおりです。

事業別セグメントの名称		当連結会計年度 （2023年3月31日に 終了した1年間）	前期比（％）
自動車事業	日本	2,069,133　台	+7.5
	北米	2,406,674	+0.5
	欧州	1,029,955	+1.3
	アジア	1,750,773	+13.5
	その他	1,565,337	+15.8
	計	8,821,872	+7.2

（注）1　上記仕向先別販売数量は，車両（新車）販売台数を示しています。
　　　2　「自動車事業」における「その他」は，中南米，オセアニア，アフリカ，中近東ほかからなります。

（2）　経営者の視点による経営成績等の状況に関する分析・検討内容 …………

　本項においては，将来に関する事項が含まれていますが，当該事項は有価証券
報告書提出日（2023年6月30日）現在において判断したものです。

①　概観

　トヨタの事業セグメントは，自動車事業，金融事業およびその他の事業で構
成されています。自動車事業は最も重要な事業セグメントで，当連結会計年度
においてトヨタの営業収益合計（セグメント間の営業収益控除前）の89％を占
めています。当連結会計年度における車両販売台数ベースによるトヨタの主要
な市場は，日本（23.5％），北米（27.3％），欧州（11.7％）およびアジア（19.8％）
となっています。

a.　自動車市場環境

　世界の自動車市場は，非常に競争が激しく，また予測が困難な状況にありま
す。さらに，自動車業界の需要は，社会，政治および経済の状況，新車および
新技術の導入ならびにお客様が自動車を購入または利用される際に負担いただ
く費用といった様々な要素の影響を受けます。これらの要素により，各市場お

よび各タイプの自動車に対するお客様の需要は，大きく変化します。

　当連結会計年度は，地政学的な緊張を背景としてエネルギー価格などが高騰
し，先進国および新興国ともに消費者物価の上昇が加速しました。8月以降は，
各国中央銀行による金融引き締めペースの加速に伴う世界経済の減速懸念によ
り，需要減少の動きが見られました。

　次の表は，過去2連結会計年度における各仕向地域別の連結販売台数を示し
ています。

千台

	3月31日に終了した1年間	
	2022年	2023年
日本	1,924	2,069
北米	2,394	2,407
欧州	1,017	1,030
アジア	1,543	1,751
その他	1,352	1,565
海外計	6,306	6,753
合計	8,230	8,822

　　（注）「その他」は，中南米，オセアニア，アフリカ，中近東ほかからなります。

　トヨタの日本における当連結会計年度の連結販売台数は，市場が前連結会計
年度を上回る状況のもと，増加しました。トヨタの海外における連結販売台数
は，堅調な需要により，アジア，その他の地域を中心に販売台数が大きく増加
しました。

　各市場における全車両販売台数に占めるトヨタのシェアは，製品の品質，安
全性，信頼性，価格，デザイン，性能，経済性および実用性についての他社と
の比較により左右されます。また，時機を得た新車の導入やモデルチェンジの
実施も，お客様のニーズを満たす重要な要因です。変化し続けるお客様の嗜好
を満たす能力も，売上および利益に大きな影響をもたらします。

　自動車事業の収益性は様々な要因により左右されます。これらには次のよう
な要因が含まれます。

車両販売台数

販売された車両モデルとオプションの組み合わせ

部品・サービス売上

価格割引およびその他のインセンティブのレベルならびにマーケティング費用

顧客からの製品保証に関する請求およびその他の顧客満足のための修理等にかかる費用

研究開発費等の固定費

原材料価格

コストの管理能力

生産資源の効率的な利用

特定の仕入先への部品供給の依存による生産への影響

気候変動による物理的リスクや低炭素経済への移行リスクを含む，気候変動リスク

自然災害および感染症の発生・蔓延や社会インフラの障害による市場・販売・生産への影響

日本円およびトヨタが事業を行っている地域におけるその他通貨の為替相場の変動

　法律，規制，政策の変更およびその他の政府による措置も自動車事業の収益性に著しい影響を及ぼすことがあります。これらの法律，規制および政策には，車両の製造コストを大幅に増加させる環境問題，車両の安全性，燃費および排ガスに影響を及ぼすものが含まれます。

　多くの国の政府が，現地調達率を規定し，関税およびその他の貿易障壁を課し，あるいは自動車メーカーの事業を制限したり本国への利益の移転を困難にするような価格管理あるいは為替管理を行っています。このような法律，規制，政策その他の行政措置における変更は，製品の生産，ライセンス，流通もしくは販売，原価，あるいは適用される税率に影響を及ぼすことがあります。トヨタは，トヨタ車の安全性について潜在的問題がある場合に適宜リコール等の市

場処置（セーフティ・キャンペーンを含む）を発表しています。前述のリコール等の市場処置をめぐり，トヨタに対する申し立ておよび訴訟が提起されています。これらの申し立ておよび訴訟に関しては，連結財務諸表注記24ならびに30を参照ください。

　世界の自動車産業は，グローバルな競争の時期にあり，この傾向は予見可能な将来まで続く可能性があります。また，トヨタが事業を展開する競争的な環境は，さらに激化する様相を呈しています。トヨタは一独立企業として自動車産業で効率的に競争するための資源，戦略および技術を予見可能な将来において有していると考えています。

b.　金融事業

　自動車金融の市場は，大変競争が激しくなっています。自動車金融の競争激化は，利益率の減少を引き起こす可能性があり，また，顧客がトヨタ車を購入する際にトヨタ以外の金融サービスを利用するようになる場合，マーケット・シェアが低下することも考えられます。

　トヨタの金融サービス事業は，主として，顧客および販売店に対する融資プログラムおよびリース・プログラムの提供を行っています。トヨタは，顧客に対して資金を提供する能力は，顧客に対しての重要な付加価値サービスであると考え，金融子会社のネットワークを各国へ展開しています。

　小売融資およびリースにおけるトヨタの主な競争相手には，商業銀行，消費者信用組合，その他のファイナンス会社が含まれます。一方，卸売融資における主な競争相手には，商業銀行および自動車メーカー系のファイナンス会社が含まれます。

　トヨタの金融事業に係る債権は，主に小売債権などの増加により，当連結会計年度において増加しました。また，賃貸用車両及び器具は，主に北米の金融子会社でのオペレーティング・リース件数の減少により，当連結会計年度において減少しました。

　金融事業に係る債権および賃貸用車両及び器具の詳細については，連結財務諸表注記8および12を参照ください。

　トヨタの金融債権は，回収可能性リスクを負っています。これは顧客もしく

は販売店の支払不能や, 担保価値 (売却費用控除後) が債権の帳簿価額を下回った場合に発生する可能性があります。詳細については, 連結財務諸表注記4および19を参照ください。

トヨタは, 車両リースを継続的に提供してきました。当該リース事業によりトヨタは残存価額のリスクを負っています。これは車両リース契約の借手が, リース終了時に車両を購入するオプションを行使しない場合に発生する可能性があります。詳細については, 連結財務諸表注記3 (8) を参照ください。

トヨタは, 主に固定金利借入債務を機能通貨建ての変動金利借入債務へ転換するために, 金利スワップおよび金利通貨スワップ契約を結んでいます。特定のデリバティブ金融商品は, 経済的企業行動の見地からは金利リスクをヘッジするために契約されていますが, トヨタの連結財政状態計算書における特定の資産および負債をヘッジするものとしては指定されていないため, それらの指定されなかったデリバティブから生じる未実現評価損益は, その期間の損益として計上されます。詳細については, 連結財務諸表注記20および21を参照ください。

資金調達コストの変動は, 金融事業の収益性に影響を及ぼす可能性があります。資金調達コストは, 数多くの要因の影響を受けますが, その中にはトヨタがコントロールできないものもあります。これには, 全般的な景気, 金利およびトヨタの財務力などが含まれます。当連結会計年度の資金調達コストは主に市場金利の上昇により増加しました。

トヨタは, 2001年4月に日本でクレジットカード事業を立上げました。カード会員数は, 2023年3月31日現在16.1百万人と, 2022年3月31日から0.4百万人の増加となりました。カード債権は, 2023年3月31日現在5,548億円と, 2022年3月31日から534億円の増加となりました。

c. その他の事業

トヨタのその他の事業には, 情報通信事業等が含まれます。

トヨタは, その他の事業は連結業績に大きな影響を及ぼすものではないと考えています。

(point) **設備投資等の概要**

セグメントごとの設備投資額を公開している。多くの企業にとって設備投資は競争力向上・維持のために必要不可欠だ。企業は売上の数%など一定の水準を設定して毎年設備への投資を行う。半導体などのテクノロジー関連企業は装置産業であり, 技術発展がスピードが速いため, 常に多額の設備投資を行う宿命にある。

d. 為替の変動

　トヨタは，為替変動による影響を受けやすいといえます。トヨタは日本円の他に主に米ドルおよびユーロの価格変動の影響を受けており，また，米ドルやユーロに加え，豪ドル，加ドルおよび英国ポンドなどについても影響を受けることがあります。日本円で表示されたトヨタの連結財務諸表は，換算リスクおよび取引リスクによる為替変動の影響を受けています。

　換算リスクとは，特定期間もしくは特定日の財務諸表が，事業を展開する国々の通貨の日本円に対する為替の変動による影響を受けるリスクです。たとえ日本円に対する通貨の変動が大きく，前連結会計年度との比較において，また地域ごとの比較においてかなりの影響を及ぼすとしても，換算リスクは報告上の考慮事項に過ぎず，その基礎となる業績を左右するものではありません。トヨタは換算リスクに対してヘッジを行っていません。

　取引リスクとは，収益と費用および資産と負債の通貨が異なることによるリスクです。取引リスクは主にトヨタの日本製車両の海外売上に関係しています。

　トヨタは，生産施設が世界中に所在しているため，取引リスクは大幅に軽減されていると考えています。グローバル化戦略の一環として，車両販売を行う主要市場において生産施設を建設することにより，生産を現地化してきました。前連結会計年度および当連結会計年度において，トヨタの海外における車両販売台数のそれぞれ71.6％および77.3％が海外で生産されています。北米では前連結会計年度および当連結会計年度の車両販売台数のそれぞれ68.5％および76.8％が現地で生産されています。欧州では前連結会計年度および当連結会計年度の車両販売台数のそれぞれ69.1％および73.9％が現地で生産されています。アジアでは前連結会計年度および当連結会計年度の車両販売台数のそれぞれ90.6％および98.3％が現地で生産されています。生産の現地化により，トヨタは生産過程に使用される供給品および原材料の多くを現地調達することができ，現地での収益と費用の通貨のマッチングをはかることが可能です。

　トヨタは，取引リスクの一部に対処するために為替の取引およびヘッジを行っています。これにより為替変動による影響は軽減されますが，すべて排除されるまでには至っておらず，年によってその影響が大きい場合もあり得ます。為

(point) **主要な設備の状況**

　「設備投資等の概要」では各セグメントの1年間の設備投資金額のみの掲載だが，ここではより詳細に，現在セグメント別，または各子会社が保有している土地，建物，機械装置の金額が合計でどれくらいなのか知ることができる。

替変動リスクをヘッジするためにトヨタで利用されるデリバティブ金融商品に関する追加的な情報については，連結財務諸表注記20および21を参照ください。

　一般的に，円安は営業収益，営業利益および親会社の所有者に帰属する当期利益に好影響を及ぼし，円高は悪影響を及ぼします。日本円の米ドルに対する期中平均および決算日の為替相場は，前連結会計年度に比べて円安に推移しました。また，日本円のユーロに対する期中平均および決算日の為替相場は，前連結会計年度に比べて円安に推移しました。詳細については，連結財務諸表注記19を参照ください。

e.　セグメンテーション

　トヨタの最も重要な事業セグメントは，自動車事業セグメントです。トヨタは，世界の自動車市場においてグローバル・コンペティターとして自動車事業を展開しています。マネジメントは世界全体の自動車事業を一つの事業セグメントとして資源の配分やその実績の評価を行っており，自動車事業セグメント内で資源を配分するために，販売台数，生産台数，マーケット・シェア，車両モデルの計画および工場のコストといった財務およびそれ以外に関するデータの評価を行っています。トヨタは国内・海外または部品等のような自動車事業の一分野を個別のセグメントとして管理していません。

② 地域別内訳

　次の表は，過去2連結会計年度のトヨタの地域別外部顧客向け営業収益を示しており，当社または連結子会社の所在国の位置を基礎として集計しています。

金額：百万円

	3月31日に終了した1年間	
	2022年	2023年
日本	8,214,740	9,122,282
北米	10,897,946	13,509,027
欧州	3,692,214	4,097,537
アジア	5,778,115	7,076,922
その他	2,796,493	3,348,530

(注)「その他」は，中南米，オセアニア，アフリカ，中近東からなります。

③ 業績—当連結会計年度と前連結会計年度の比較

金額：百万円

| | 3月31日に終了した1年間 | | 増減および増減率 | |
	2022年	2023年	増減	増減率
営業収益				
日本	15,991,436	17,583,196	1,591,760	10.0%
北米	11,166,479	13,843,901	2,677,421	24.0%
欧州	3,867,847	4,273,735	405,888	10.5%
アジア	6,530,566	8,044,906	1,514,340	23.2%
その他	2,928,183	3,472,193	544,011	18.6%
消去又は全社	△9,105,004	△10,063,633	△958,629	—
計	31,379,507	37,154,298	5,774,791	18.4%
営業利益				
日本	1,423,445	1,901,463	478,018	33.6%
北米	565,784	△74,736	△640,520	—
欧州	162,973	57,460	△105,513	△64.7%
アジア	672,350	714,451	42,101	6.3%
その他	238,169	231,362	△6,807	△2.9%
消去又は全社	△67,024	△104,974	△37,950	—
計	2,995,697	2,725,025	△270,672	△9.0%
営業利益率	9.5%	7.3%	△2.2%	
税引前利益	3,990,532	3,668,733	△321,799	△8.1%
税引前利益率	12.7%	9.9%	△2.8%	
親会社の所有者に帰属する当期利益	2,850,110	2,451,318	△398,792	△14.0%
親会社の所有者に帰属する当期利益率	9.1%	6.6%	△2.5%	

(注)「その他」は，中南米，オセアニア，アフリカ，中近東からなります。

a. 営業収益

　　当連結会計年度の営業収益は37兆1,542億円と，前連結会計年度に比べて5兆7,747億円（18.4%）の増収となりました。この増収は，主に車両販売台数および販売構成の変化による影響1兆1,500億円や，為替変動の影響3兆5,800億円によるものです。

　　トヨタの事業別外部顧客向け営業収益の商品別内訳は次のとおりです。

金額：百万円

| | 3月31日に終了した1年間 | | 増減および増減率 | |
	2022年	2023年	増減	増減率
車両	23,739,442	28,394,256	4,654,814	19.6%
生産用部品	1,504,215	1,710,422	206,208	13.7%
部品	2,407,143	2,866,196	459,053	19.1%
その他	881,193	805,995	△75,198	△8.5%
自動車事業合計	28,531,993	33,776,870	5,244,877	18.4%
その他の事業	541,436	590,749	49,314	9.1%
商品・製品売上収益合計	29,073,428	34,367,619	5,294,191	18.2%
金融事業に係る金融収益	2,306,079	2,786,679	480,600	20.8%
営業収益合計	31,379,507	37,154,298	5,774,791	18.4%

　営業収益は自動車事業およびその他の事業の合計である商品・製品売上収益ならびに金融事業に係る金融収益で構成されており，当連結会計年度の商品・製品売上収益は34兆3,676億円と，前連結会計年度に比べて18.2%の増収となり，金融事業に係る金融収益は2兆7,866億円と，前連結会計年度に比べて20.8%の増収となりました。商品・製品売上収益の増収は，主にトヨタの販売台数が591千台増加したことや，為替変動の影響によるものです。

　前連結会計年度末および当連結会計年度末の各地域における融資件数（残高）の状況は次のとおりです。

・金融事業における融資件数残高

千件

| | 3月31日 | | 増減および増減率 | |
	2022年	2023年	増減	増減率
日本	2,745	2,767	22	0.8%
北米	5,549	5,500	△49	△0.9%
欧州	1,507	1,647	140	9.3%
アジア	2,070	2,034	△36	△1.7%
その他	895	938	43	4.8%
合計	12,766	12,886	120	0.9%

（注）「その他」は，中南米，オセアニア，アフリカからなります。

当連結会計年度の営業収益（セグメント間の営業収益控除前）は前連結会計年度に比べて，日本では10.0%，北米では24.0%，欧州では10.5%，アジアでは23.2%，その他の地域では18.6%の増収となりました。為替変動の影響3兆5,800億円を除いた場合，当連結会計年度の営業収益は前連結会計年度に比べて，日本では10.0%，北米では3.2%，欧州では2.8%，アジアでは7.9%，その他の地域では12.7%の増収であったと考えられます。

各地域における営業収益（セグメント間の営業収益控除前）の状況は次のとおりです。

・日本

	千台			
	3月31日に終了した1年間		増減および増減率	
	2022年	2023年	増減	増減率
連結販売台数	3,640	3,703	62	1.7%
（日本は輸出台数を含む）				

	金額：百万円			
	3月31日に終了した1年間		増減および増減率	
	2022年	2023年	増減	増減率
営業収益				
商品・製品売上収益	15,706,514	17,271,451	1,564,938	10.0%
金融事業に係る金融収益	284,922	311,744	26,822	9.4%
営業収益計	15,991,436	17,583,196	1,591,760	10.0%

日本においては，主に輸出台数を含むトヨタの販売台数が前連結会計年度に比べて62千台増加したことや，輸出取引に係る為替変動の影響などにより，増収となりました。前連結会計年度および当連結会計年度における輸出台数はそれぞれ1,716千台および1,634千台となりました。

(point) **設備の新設，除却等の計画**

ここでは今後，会社がどの程度の設備投資を計画しているか知ることができる。毎期どれくらいの設備投資を行っているか確認すると，技術等での競争力維持に積極的な姿勢かどうか，どのセグメントを重要視しているか分かる。また景気が悪化したときは設備投資額を減らす傾向にある。

・北米

	千台			
	3月31日に終了した1年間		増減および増減率	
	2022年	2023年	増減	増減率
連結販売台数	2,394	2,407	13	0.5%

	金額：百万円			
	3月31日に終了した1年間		増減および増減率	
	2022年	2023年	増減	増減率
営業収益				
商品・製品売上収益	9,578,534	11,965,050	2,386,516	24.9%
金融事業に係る金融収益	1,587,945	1,878,850	290,905	18.3%
営業収益計	11,166,479	13,843,901	2,677,421	24.0%

　北米においては，主にトヨタの販売台数が前連結会計年度に比べて13千台増加したことや，為替変動の影響により，増収となりました。

・欧州

	千台			
	3月31日に終了した1年間		増減および増減率	
	2022年	2023年	増減	増減率
連結販売台数	1,017	1,030	13	1.3%

	金額：百万円			
	3月31日に終了した1年間		増減および増減率	
	2022年	2023年	増減	増減率
営業収益				
商品・製品売上収益	3,671,205	4,003,043	331,838	9.0%
金融事業に係る金融収益	196,642	270,693	74,050	37.7%
営業収益計	3,867,847	4,273,735	405,888	10.5%

　欧州においては，主にトヨタの販売台数が前連結会計年度に比べて13千台増加したことや，為替変動の影響により，増収となりました。

---

point 株式の総数等

　発行可能株式総数とは，会社が発行することができる株式の総数のことを指す。役員会では，株主総会の了承を得ないで，必要に応じてその株数まで，株を発行することができる。敵対的TOBでは，経営陣が，自社をサポートしてくれる側に，新株を第三者割り当てで発行して，買収を防止することがある。

・アジア

	千台			
	3月31日に終了した1年間		増減および増減率	
	2022年	2023年	増減	増減率
連結販売台数	1,543	1,751	208	13.5%

	金額：百万円			
	3月31日に終了した1年間		増減および増減率	
	2022年	2023年	増減	増減率
営業収益				
商品・製品売上収益	6,345,172	7,832,020	1,486,848	23.4%
金融事業に係る金融収益	185,394	212,886	27,492	14.8%
営業収益計	6,530,566	8,044,906	1,514,340	23.2%

　アジアにおいては，主にトヨタの販売台数が前連結会計年度に比べて208千台増加したことや，為替変動の影響により，増収となりました。

・その他の地域

	千台			
	3月31日に終了した1年間		増減および増減率	
	2021年	2022年	増減	増減率
連結販売台数	1,027	1,352	326	31.7%

	金額：百万円			
	3月31日に終了した1年間		増減および増減率	
	2021年	2022年	増減	増減率
営業収益				
商品・製品売上収益	1,719,132	2,756,840	1,037,708	60.4%
金融事業に係る金融収益	153,764	171,343	17,579	11.4%
営業収益計	1,872,895	2,928,183	1,055,287	56.3%

　その他の地域においては，トヨタの販売台数は前連結会計年度に比べて213千台増加し，増収となりました。

⊙point 連結財務諸表等

　ここでは主に財務諸表の作成方法についての説明が書かれている。企業は大蔵省が定めた規則に従って財務諸表を作るよう義務付けられている。また金融商品法に従い，作成した財務諸表がどの監査法人によって監査を受けているかも明記されている。

b. 営業費用

<table>
<tr><td></td><td colspan="4" align="right">金額：百万円</td></tr>
<tr><td></td><td colspan="2">3月31日に終了した1年間</td><td colspan="2">増減および増減率</td></tr>
<tr><td></td><td>2022年</td><td>2023年</td><td>増減</td><td>増減率</td></tr>
<tr><td>営業費用</td><td></td><td></td><td></td><td></td></tr>
<tr><td>売上原価</td><td>24,250,784</td><td>29,128,561</td><td>4,877,778</td><td>20.1%</td></tr>
<tr><td>金融事業に係る金融費用</td><td>1,157,050</td><td>1,712,721</td><td>555,671</td><td>48.0%</td></tr>
<tr><td>販売費及び一般管理費</td><td>2,975,977</td><td>3,587,990</td><td>612,014</td><td>20.6%</td></tr>
<tr><td>営業費用合計</td><td>28,383,811</td><td>34,429,273</td><td>6,045,462</td><td>21.3%</td></tr>
</table>

<table>
<tr><td></td><td align="right">金額：百万円</td></tr>
<tr><td></td><td>営業費用の
対前期比増減</td></tr>
<tr><td>車両販売台数および販売構成の変化による影響</td><td>1,110,000</td></tr>
<tr><td>為替変動の影響</td><td>2,300,000</td></tr>
<tr><td>金融事業に係る金融費用の増加</td><td>320,000</td></tr>
<tr><td>原価改善の努力</td><td>1,290,000</td></tr>
<tr><td>諸経費の増減・低減努力</td><td>525,000</td></tr>
<tr><td>その他</td><td>500,462</td></tr>
<tr><td>合計</td><td>6,045,462</td></tr>
</table>

　当連結会計年度における営業費用は34兆4,292億円と，前連結会計年度に比べて6兆454億円（21.3%）の増加となりました。

・原価改善の努力

　当連結会計年度は，1兆2,900億円の営業費用の増加となりました。この増加は，資材高騰の影響1兆5,450億円によるものですが，仕入先と一体となった原価改善活動に引き続き精力的に取り組んだ結果，VE（Value Engineering）活動を中心とした設計面での原価改善など2,050億円および工場・物流部門などにおける原価改善500億円により一部相殺されています。

　原価改善の努力は，継続的に実施されているVE・VA（ValueAnalysis）活動，部品の種類の絞込みにつながる部品共通化，ならびに車両生産コストの低減を目的としたその他の製造活動に関連しています。なお，資材高騰の影響には，鉄鋼，貴金属，非鉄金属（アルミ等），樹脂関連部品などの資材・部品価格の

変動による影響が含まれています。

・売上原価

　当連結会計年度における売上原価は29兆1,285億円と，前連結会計年度に比べて4兆8,777億円（20.1％）の増加となりました。この増加は，主に為替換算レート変動の影響，資材高騰の影響ならびに車両販売台数および販売構成の変化による影響によるものです。

・金融事業に係る金融費用

　当連結会計年度における金融事業に係る金融費用は1兆7,127億円と，前連結会計年度に比べて5,556億円（48.0％）の増加となりました。この増加は，主に金利スワップおよび金利通貨スワップの評価損益ならびに市場金利の上昇等により資金調達コストが増加したことによるものです。

・販売費及び一般管理費

　当連結会計年度の販売費及び一般管理費は3兆5,879億円と，前連結会計年度に比べて6,120億円（20.6％）の増加となりました。この増加は，主に為替換算レート変動の影響，労務費の増加ならびに研究開発費の増加によるものです。

c. 営業利益

金額：百万円

	営業利益の対前期比増減
営業面の努力	680,000
原価改善の努力	△1,290,000
為替変動の影響	1,280,000
諸経費の増減・低減努力	△525,000
その他	△415,672
合計	△270,672

　当連結会計年度における営業利益は2兆7,250億円と，前連結会計年度に比べて2,706億円（9.0％）の減益となりました。この減益は，原価改善の努力1兆

(point) 連結財務諸表

　ここでは貸借対照表（またはバランスシート，BS），損益計算書（PL），キャッシュフロー計算書の詳細を調べることができる。あまり会計に詳しくない場合は，最低限，損益計算書の売上と営業利益を見ておけばよい。可能ならば，その数字が過去5年，10年の間にどのように変化しているか調べると会社への理解が深まるだろう。

2,900億円および諸経費の増減・低減努力5,250億円などによるものですが，為替変動の影響1兆2,800億円および営業面の努力6,800億円により一部相殺されています。

　上記の営業面の努力は，車両販売台数および販売構成の変化ならびに販売諸費用などを含んでいます。その他は，金利スワップおよび金利通貨スワップの評価損益などを含んでいます。

　また，為替変動の影響の増益要因は，主に輸出入等の外貨取引による影響1兆2,000億円によるものです。

　当連結会計年度における営業利益（セグメント間の利益控除前）は前連結会計年度に比べて，北米では6,405億円，欧州では1,055億円（64.7%），その他の地域では68億円（2.9%）の減益，日本では4,780億円（33.6%），アジアでは421億円（6.3%）の増益となりました。

　各地域における営業利益の状況は次のとおりです。

・日本

金額：百万円

	営業利益の対前期比増減
営業面の努力	365,000
原価改善の努力	△690,000
為替変動の影響	1,210,000
諸経費の増減・低減努力	△320,000
その他	△86,982
合計	478,018

・北米

金額：百万円

	営業利益の対前期比増減
営業面の努力	90,000
原価改善の努力	△395,000
為替変動の影響	△15,000
諸経費の増減・低減努力	△135,000
その他	△185,520
合計	△640,520

・欧州

	金額：百万円
	営業利益の 対前期比増減
営業面の努力	130,000
原価改善の努力	△120,000
為替変動の影響	△15,000
諸経費の増減・低減努力	△25,000
その他	△75,513
合計	△105,513

・アジア

	金額：百万円
	営業利益の 対前期比増減
営業面の努力	75,000
原価改善の努力	△25,000
為替変動の影響	90,000
諸経費の増減・低減努力	△45,000
その他	△52,899
合計	42,101

・その他

	金額：百万円
	営業利益の 対前期比増減
営業面の努力	60,000
原価改善の努力	△60,000
為替変動の影響	10,000
諸経費の増減・低減努力	0
その他	△16,807
合計	△6,807

d. その他の収益・費用

当連結会計年度における持分法による投資損益は6,430億円と，前連結会計年度に比べて827億円（14.8％）の増益となりました。この増益は，主に持分法適用会社の親会社の所有者に帰属する当期利益の増益によるものです。

当連結会計年度におけるその他の金融収益は3,793億円と，前連結会計年

度に比べて445億円（13.3%）の増益となりました。この増益は，主に受取利息の増加によるものです。

　当連結会計年度におけるその他の金融費用は1,251億円と，前連結会計年度に比べて811億円（184.4%）の減益となりました。この減益は，主に有価証券評価損の増加によるものです。

　当連結会計年度における為替差損益＜純額＞は1,245億円と，前連結会計年度に比べて916億円の減益となりました。為替差損益は，外国通貨建て取引によって生じた外貨建ての資産および負債を，取引時の為替相場で換算した価額と，先物為替契約を利用して行う決済を含め，同会計年度における決済金額または決算時の為替相場で換算した価額との差額を示すものです。為替差損益＜純額＞の減益916億円は，主に当連結会計年度の海外子会社における外貨建て買掛債務において取引時の為替相場に比べて決済時の為替相場が現地通貨安に推移したことにより，為替差損を計上したことによるものです。

　当連結会計年度におけるその他＜純額＞は781億円の損失と，前連結会計年度に比べて56億円の減益となりました。

e.　法人所得税費用

　当連結会計年度における法人所得税費用は1兆1,757億円と，前連結会計年度に比べて598億円（5.4%）の増加となりました。これは，主に繰延税金資産の回収可能性の見直しによる取崩しなどの影響によるもので，当連結会計年度における平均実際負担税率は32.0%となりました。

f.　非支配持分に帰属する当期利益

　当連結会計年度における非支配持分に帰属する当期利益は416億円と，前連結会計年度に比べて171億円（70.0%）の増益となりました。この増益は，主に連結子会社の当期利益の増益によるものです。

g.　親会社の所有者に帰属する当期利益

　当連結会計年度の親会社の所有者に帰属する当期利益は2兆4,513億円と，前連結会計年度に比べて3,987億円（14.0%）の減益となりました。

h.　その他の包括利益（税効果考慮後）

　当連結会計年度におけるその他の包括利益（税効果考慮後）は8,277億円と，

前連結会計年度に比べて3,154億円利益が減少しました。これは，主に米ドルやユーロに対する為替レートが円安に進んだことにより，在外営業活動体の為替換算差額が前連結会計年度の9,028億円の利益に対し，当連結会計年度は6,760億円の利益となったことや，持分法で会計処理されている投資のその他の包括利益に対する持分相当額が前連結会計年度の3,074億円の利益に対し，当連結会計年度は1,030億円の利益となったこと，および主に公社債の価格が変動したことにより，その他の包括利益を通じて公正価値で測定する金融資産の公正価値変動が前連結会計年度の2,034億円の損失に対し，当連結会計年度は165億円の損失となったこと，ならびに主に制度資産の公正価値が変動したことにより，確定給付制度の再測定が前連結会計年度の1,362億円の利益から当連結会計年度は651億円の利益となったことによるものです。

i. 事業別セグメントの状況

以下は，トヨタの事業別セグメントの状況に関する説明です。記載された数値は，セグメント間の営業収益控除前です。

金額：百万円

| | | 3月31日に終了した1年間 | | 増減および増減率 | |
		2022年	2023年	増減	増減率
自動車	営業収益	28,605,738	33,820,000	5,214,263	18.2%
	営業利益	2,284,290	2,180,637	△103,653	△4.5%
金融	営業収益	2,324,026	2,809,647	485,621	20.9%
	営業利益	657,001	437,516	△219,485	△33.4%
その他	営業収益	1,129,876	1,224,943	95,067	8.4%
	営業利益	42,302	103,451	61,150	144.6%
消去又は全社	営業収益	△680,133	△700,293	△20,160	－
	営業利益	12,104	3,420	△8,684	－
合計	営業収益	31,379,507	37,154,298	5,774,791	18.4%
	営業利益	2,995,697	2,725,025	△270,672	△9.0%

・自動車事業セグメント

自動車事業の営業収益は，トヨタの営業収益のうち最も高い割合を占めます。当連結会計年度における自動車事業セグメントの営業収益は33兆8,200億円と，前連結会計年度に比べて5兆2,142億円（18.2%）の増収となりました。

この増収は，主に為替変動の影響 3 兆 1,700 億円や，車両販売台数および販売構成の変化による影響 1 兆 1,500 億円によるものです。

当連結会計年度における自動車事業セグメントの営業利益は 2 兆 1,806 億円と，前連結会計年度に比べて 1,036 億円（4.5％）の減益となりました。この営業利益の減益は，主に原価改善の努力 1 兆 2,900 億円および諸経費の増減・低減努力 5,250 億円によるものですが，為替変動の影響 1 兆 2,200 億円および営業面の努力 7,550 億円などにより一部相殺されています。

・金融事業セグメント

当連結会計年度における金融事業セグメントの営業収益は 2 兆 8,096 億円と，前連結会計年度に比べて 4,856 億円（20.9％）の増収となりました。この増収は，主に為替変動の影響によるものです。当連結会計年度における金融事業セグメントの営業利益は 4,375 億円と，前連結会計年度に比べて 2,194 億円（33.4％）の減益となりました。この営業利益の減益は，主に金利スワップおよび金利通貨スワップの評価損益などによるものです。

・その他の事業セグメント

当連結会計年度におけるその他の事業セグメントの営業収益は 1 兆 2,249 億円と，前連結会計年度に比べて 950 億円（8.4％）の増収となりました。

当連結会計年度におけるその他の事業セグメントの営業利益は 1,034 億円と，前連結会計年度に比べて 611 億円（144.6％）の増益となりました。

④ 流動性と資金の源泉

トヨタは従来，設備投資および研究開発活動のための資金を，主に営業活動から得た現金により調達してきました。

2024 年 3 月 31 日に終了する連結会計年度については，トヨタは設備投資および研究開発活動のための十分な資金を，主に手元の現金及び現金同等物，営業活動から得た現金，および社債・借入金等の資金調達で充当する予定です。トヨタはこれらの資金を，従来の設備の維持更新・新製品導入へ効率的に投資しつつ，モビリティ・カンパニーへの変革に向け，競争力強化・将来の成長に資する分野に重点を置いて投資する予定です。2022 年 4 月 1 日から 2023 年 3

月31日までに行われた重要な設備投資および処分に関する情報ならびに現在進行中の重要な設備投資および処分に関する情報は,「第3 設備の状況」を参照ください。

顧客や販売店に対する融資プログラムおよびリース・プログラムで必要となる資金について, トヨタは営業活動から得た現金と販売金融子会社の社債・借入金等の資金調達によりまかなっています。トヨタは, 金融子会社のネットワークを拡大することにより, 世界中の現地市場で資金を調達する能力を向上させるよう努めています。

当連結会計年度における営業活動によるキャッシュ・フローは, 前連結会計年度の3兆7,226億円の資金の増加に対し, 2兆9,550億円の資金の増加となり, 7,675億円減少しました。この減少は, 当連結会計年度 (2023年3月31日に終了した12ヶ月間) における当期利益が減少した結果, 資金が3,816億円減少したことなどによるものです。

当連結会計年度における投資活動によるキャッシュ・フローは, 前連結会計年度の5,774億円の資金の減少に対し, 1兆5,988億円の資金の減少となり, 1兆213億円減少しました。この減少は, 主に定期預金の解約の金額が前連結会計年度と比較して, 1兆7,627億円減少したことによる影響です。

当連結会計年度における財務活動によるキャッシュ・フローは, 前連結会計年度の2兆4,665億円の資金の減少に対し, 561億円の資金の減少となり, 2兆4,103億円減少幅が縮小しました。この減少幅の縮小は, 主に長期有利子負債による資金調達が1兆1,542億円増加したことおよび短期有利子負債による資金調達が8,189億円増加したことによるものです。

当連結会計年度における資本的支出 (賃貸資産を含む) は, 前連結会計年度の3兆6,115億円から3兆4,962億円と前年度並みになりました。

2024年3月31日に終了する連結会計年度において, 賃貸および賃借資産を除く設備投資額は約1兆8,600億円となる予定です。

現金及び現金同等物は, 2023年3月31日現在で7兆5,169億円でした。現金及び現金同等物の大部分は円建てまたは米ドル建てです。

トヨタは, 現金及び現金同等物, 定期預金, 公社債および信託ファンドへの

投資を総資金量と定義しており，当連結会計年度において総資金量は，1兆2,639億円（9.4％）増加し，14兆7,150億円となりました。

　当連結会計年度における営業債権及びその他の債権は，4,432億円（14.1％）増加し，3兆5,861億円となりました。これは主に，当第4四半期連結会計期間（2023年3月31日に終了した3ヶ月間）における売上増加の影響によるものです。

　当連結会計年度における棚卸資産は，4,342億円（11.4％）増加し，4兆2,556億円となりました。これは主に，貴金属の調達数量の上昇によるものです。

　当連結会計年度における金融事業に係る債権合計は，3兆63億円（13.8％）増加し，24兆7,708億円となりました。これは主に，為替変動の影響によるものです。2023年3月31日現在における金融債権の地域別内訳は，北米56.9％，アジア12.0％，欧州14.0％，日本6.3％，その他の地域10.8％でした。

　当連結会計年度におけるその他の金融資産合計は，2,475億円（2.1％）増加しました。

　当連結会計年度における有形固定資産は，3,073億円（2.5％）増加しました。これは主に，設備投資によるものです。

　当連結会計年度における営業債務及びその他の債務は，6,942億円（16.2％）増加しました。これは主に，部品調達に伴う買掛金の増加によるものです。

　当連結会計年度における未払法人所得税は，4,222億円（51.1％）減少しました。これは主に，法人所得税の中間納付の増加などによるものです。

　当連結会計年度における有利子負債合計は，2兆8,839億円（10.9％）増加しました。トヨタの短期借入債務は，加重平均利率2.02％の借入金と，加重平均利率3.81％のコマーシャル・ペーパーにより構成されています。当連結会計年度における短期借入債務は，前連結会計年度に比べて4,853億円（11.8％）増加し，4兆5,901億円となりました。トヨタの長期借入債務は，加重平均利率が1.29％から6.53％，返済期限が2023年から2048年の無担保の借入金，担保付きの借入金，ミディアム・ターム・ノート，無担保普通社債，担保付普通社債などにより構成されています。当連結会計年度の1年以内に返済予定の長期借入債務は6,217億円（8.8％）増加し，7兆6,485億円となり，返済期

限が1年超の長期借入債務は1兆7,416億円（11.7％）増加し，16兆6,853億円となりました。借入債務合計の増加は，主に金融子会社における融資残高の伸びに伴う資金需要の高まりによるものです。2023年3月31日現在で，長期借入債務の約53％は米ドル建て，約11％は円建て，約13％はユーロ建て，約6％は豪ドル建て，約3％は加ドル建て，約14％はその他の通貨によるものです。トヨタは，金利スワップを利用することにより固定金利のエクスポージャーをヘッジしています。トヨタの借入必要額に重要な季節的変動はありません。

　2022年3月31日現在におけるトヨタの親会社の所有者に帰属する持分合計に対する有利子負債比率は，101.0％でしたが，2023年3月31日現在では103.7％となりました。

　トヨタの短期および長期借入債務は，2023年5月31日現在，スタンダード・アンド・プアーズ（S&P），ムーディーズ（Moody's）および格付投資情報センター（R&I）により，次のとおり格付けされています。なお，信用格付けは株式の購入，売却もしくは保有を推奨するものではなく，何時においても撤回もしくは修正され得ます。各格付けはその他の格付けとは個別に評価されるべきです。

	S&P	Moody's	R&I
短期借入債務	A-1+	P-1	―
長期借入債務	A+	A1	AAA

　当連結会計年度における確定給付負債（資産）の純額は，国内および海外で，それぞれ1,240億円および3,138億円と，前連結会計年度に比べて，国内は1,082億円（46.6％）減少し，海外は508億円（19.3％）の増加となりました。確定給付負債（資産）の純額は，トヨタによる将来の現金拠出または対象従業員に対するそれぞれの退職日における支払いにより解消されます。国内においては，主に割引率の上昇に伴う確定給付制度債務の減少により，確定給付負債（資産）の純額は減少しました。詳細については，連結財務諸表注記23を参照ください。

　トヨタの財務方針は，すべてのエクスポージャーの管理体制を維持し，相手

先に対する厳格な信用基準を厳守し，市場のエクスポージャーを積極的にモニターすることです。トヨタは，トヨタファイナンシャルサービス（株）に金融ビジネスを集中させ，同社を通じて金融ビジネスのグローバルな効率化を目指しています。

　財務戦略の主要な要素は，短期的な収益の変動に左右されず効率的に研究開発活動，設備投資および金融事業に投資できるような，安定した財務基盤を維持することです。トヨタは，現在必要とされる資金水準を十分満たす流動性を保持していると考えており，また，高い信用格付けを維持することにより，引き続き多額の資金を比較的安いコストで外部から調達することができると考えています。高い格付けを維持する能力は，数多くの要因に左右され，その中にはトヨタがコントロールできないものも含まれています。これらの要因には，日本およびトヨタが事業を行うその他の主要な市場の全体的な景気ならびにトヨタの事業戦略を成功させることができるかなどが含まれています。

　トヨタは金融事業のための資金調達の一つの方法として特別目的事業体を通じた証券化プログラムを利用しています。これらの証券化取引は，トヨタが第一受益者であるものとして連結しており，当連結会計年度におけるオフバランス化される取引に重要なものはありません。

　トヨタの非デリバティブ金融負債およびデリバティブ金融負債の残存契約満期期間ごとの金額に関しては，連結財務諸表注記19を参照ください。また，トヨタはその通常業務の一環として，一定の原材料，部品およびサービスの購入に関して，仕入先と長期契約を結ぶ場合があります。これらの契約は，一定数量または最低数量の購入を規定している場合があります。トヨタはかかる原材料またはサービスの安定供給を確保するためにこれらの契約を締結しています。

　次の表は，2023年3月31日現在のトヨタの契約上の債務および商業上の契約債務を要約したものです。

(point) 財務諸表

　この項目では，連結ではなく単体の貸借対照表と，損益計算書の内訳を確認することができる。連結＝単体＋子会社なので，会社によっては単体の業績を調べて連結全体の業績予想のヒントにする場合があるが，あまりその必要性がある企業は多くない。

	金額：百万円				
		返済期限			
	合計	1年未満	1年以上 3年未満	3年以上 5年未満	5年以上
契約上の債務：					
短期借入債務	4,590,173	4,590,173	—	—	—
長期借入債務	24,790,100	7,715,466	9,875,785	5,427,639	1,771,210
有形固定資産およびその他の資産ならびにサービスの購入に係る契約上のコミットメント（注記30）	522,336	251,521	208,243	28,942	33,630
合計	29,902,609	12,557,160	10,084,028	5,456,581	1,804,840
商業上の契約債務：					
通常の事業から生じる最大見込保証債務（注記30）：	3,600,631	955,483	1,614,133	926,168	104,847
合計	3,600,631	955,483	1,614,133	926,168	104,847

＊　長期借入債務の金額は，将来の支払元本を表しています。

　また，トヨタは2024年3月31日に終了する連結会計年度において，退職後給付制度に対し，国内および海外で，それぞれ38,309百万円および16,423百万円を拠出する予定です。

⑤　貸出コミットメント

a.　クレジットカード会員に対する貸出コミットメント

　トヨタは金融事業の一環としてクレジットカードを発行しています。トヨタは，クレジットカード事業の慣習に従い，カード会員に対する貸付の制度を有しています。貸出はお客様ごとに信用状態の調査を実施した結果設定した限度額の範囲内で，お客様の要求により実行されます。カード会員に対する貸付金には保証は付されませんが，貸倒損失の発生を最小にするため，また適切な貸出限度額を設定するために，トヨタは，提携関係にある金融機関からの財務情報の分析を含むリスク管理方針により与信管理を実施するとともに，定期的に貸出限度額の見直しを行っています。2023年3月31日現在のカード会員に対する貸出未実行残高は1,714億円です。

b.　販売店に対する貸出コミットメント

　トヨタは金融事業の一環として販売店に対する融資の制度を有しています。

貸付は買収，設備の改装，不動産の購入，運転資金の確保のために行われます。これらの貸付金については，通常担保権が設定されており，販売店の不動産，車両在庫，その他販売店の資産等，場合に応じて適切と考えられる物件に対して設定しています。さらに慎重な対応が必要な場合には販売店が指名した個人による保証または販売店グループが指名した法人による保証を付しています。貸付金は通常担保または保証が付されていますが，担保または保証の価値がトヨタのエクスポージャーを十分に補うことができていない可能性があります。トヨタは融資制度契約を締結することによって生じるリスクに従って融資制度を評価しています。トヨタの金融事業は，販売店グループと呼ばれる複数のフランチャイズ系列に対しても融資を行っており，しばしば貸出組合に参加することでも融資を行っています。こうした融資は，融資先の卸売車両の購入，買収，設備の改装，不動産の購入，運転資金の確保等を目的とするものです。2023年3月31日現在の販売店に対する貸出未実行残高は3兆8,209億円です。

⑥ **保証**

詳細については，連結財務諸表注記30を参照ください。

⑦ **関連当事者との取引**

詳細については，連結財務諸表注記32を参照ください。

⑧ **会計基準の選択に関する基本的な考え方**

当社は，資本市場における財務情報の国際的な比較可能性の向上等を目的として，2021年3月期第1四半期よりIFRSを任意適用しています。

⑨ **重要な会計上の見積り**

IFRSに準拠した連結財務諸表を作成するにあたり，会計方針の適用，資産・負債およびトヨタの連結財務諸表に重要な影響を与える可能性のある会計上の見積りおよび仮定に関する情報は，次のとおりです。

・品質保証に係る負債

・金融事業に係る金融損失引当金

・非金融資産の減損

・退職給付に係る負債

・公正価値測定

・繰延税金資産の回収可能性

詳細については，連結財務諸表注記4を参照ください。

設備の状況

1 設備投資等の概要

トヨタでは，投資効率の向上をはかりつつ，環境問題などの社会的要請に対応する新技術・新製品への設備投資や設備更新などの生産関連設備投資および販売関連ほかへの設備投資を実施しています。当連結会計年度の設備投資（使用権資産は含みません。）の内訳は，次のとおりです。

	当連結会計年度	前期比
自動車事業	1,540,322百万円	21.2%
金融事業	26,809	28.3
その他の事業	38,748	△24.3
合計	1,605,878	19.6
リース用資産（外数）	1,907,356	△16.6

自動車事業では，当社において401,565百万円の設備投資を実施しました。また，連結子会社においては，国内では，主に新技術・新製品への設備投資を実施し，主な子会社としてトヨタ車体（株）において32,560百万円，プライムアースEVエナジー（株）において29,777百万円，トヨタ自動車九州（株）において22,934百万円等の設備投資を実施しました。海外では，主に新製品の投入のための設備投資を実施し，主な子会社として，トヨタバッテリーマニュファクチュアリング（株）において102,256百万円，トヨタモーターマニュファクチャリングカナダ（株）において84,316百万円，トヨタモーターマニュファクチャリングインディアナ（株）において51,919百万円等の設備投資を実施しました。

金融事業では，トヨタモータークレジット（株）など国内外の金融子会社において26,809百万円の設備投資を実施しました。

その他の事業では，当社および国内外の子会社において38,748百万円の設備投資を実施しました。

リース用資産については，トヨタモータークレジット（株）においてオペレーティング・リースの対象となる車両の取得により1,349,637百万円の設備投資を実施しました。

2 主要な設備の状況

トヨタは，類似の事業を営む事業所が国内外で多数設立されているため，その設備の状況を事業別セグメントごとに示すとともに主たる設備の状況を開示する方法によっています。

当連結会計年度末（2023年3月31日現在）における状況は，次のとおりです。

（1） 事業別セグメント内訳 ……………………………………………………

事業別セグメントの名称	帳簿価額（百万円）				
	土地	建物	機械装置	賃貸用車両及び器具	合計
自動車事業	1,331,123	1,813,955	3,159,250	277,513	6,581,841
金融事業	132	1,016	12,133	4,891,154	4,904,435
その他の事業	87,802	120,655	95,570	17	304,044
合計	1,419,057	1,935,625	3,266,953	5,168,683	11,790,318

（注） 1 上記帳簿価額には，建設仮勘定843,656百万円を含みません。

2 事業別セグメントごとの従業員数は，「第1 企業の概況 5 従業員の状況」と開示内容が重複するため，記載を省略しています。

（2）提出会社の状況 ··

主な事業所名 （所在地）	事業別 セグメントの 名称	主な設備の 内容	帳簿価額（百万円）				従業員数 （人）
			土地 （面積千㎡）	建物	機械装置、 賃貸用車両 及び器具	合計	
本社 （愛知県豊田市）	自動車 および その他	研究用設備	15,054 （ 2,767） （※ 32）	100,920	79,073	195,047	22,891
トヨタテクニカル センター下山 （愛知県豊田市）	自動車	研究用設備	76,786 （ 5,573） （※ 469）	57,433	3,709	137,928	347
田原工場 （愛知県田原市）	自動車	自動車 生産設備	65,606 （ 4,032） （※ 25）	31,765	29,423	126,794	6,509
本社工場 （愛知県豊田市）	自動車	自動車部品 生産設備	91 （ 623）	49,759	31,682	81,532	1,838
元町工場 （愛知県豊田市）	自動車	自動車 生産設備	5,034 （ 1,575） （※ 6）	24,270	36,118	65,423	8,135
衣浦工場 （愛知県碧南市）	自動車	自動車部品 生産設備	9,778 （ 808） （※ 122）	14,022	31,687	55,488	2,791
東富士研究所 （静岡県裾野市）	自動車	研究用設備	9,160 （ 2,722） （※ 21）	21,912	15,995	47,066	2,572
堤工場 （愛知県豊田市）	自動車	自動車 生産設備	1,813 （ 1,004） （※ 130）	11,736	28,250	41,799	4,811
上郷工場 （愛知県豊田市）	自動車	自動車部品 生産設備	1,120 （ 895） （※ 58）	13,131	24,299	38,550	3,172
高岡工場 （愛知県豊田市）	自動車	自動車 生産設備	4,059 （ 1,318） （※ 72）	14,240	16,877	35,176	4,189

（注）1　上記帳簿価額には，建設仮勘定を含みません。

　　　2　上表の（※）は賃借中の土地（単位：千m²）であり，外数です。

(3) 国内子会社の状況

主な子会社 および事業所名 （主な所在地）	事業別 セグメントの 名称	主な設備の 内容	帳簿価額（百万円）				従業員数 （人）
			土地 （面積千㎡）	建物	機械装置、 賃貸用車両 及び器具	合計	
トヨタモビリティ 東京㈱ 本社ほか （東京都港区）	自動車	自動車販売 設備および リース用車 両	108,998 (388) （※ 91）	62,989	50,220	222,207	6,702
ダイハツ工業㈱ 本社（池田）工場 ほか （大阪府池田市）	自動車	自動車 生産設備	43,938 (7,739) （※ 53）	69,967	60,043	173,949	11,048
日野自動車㈱ 日野工場ほか （東京都日野市）	自動車	自動車 生産設備	34,835 (6,324) （※ 39）	79,837	36,171	150,843	12,244
トヨタ自動車九州㈱ 宮田工場ほか （福岡県宮若市）	自動車	自動車 生産設備	38,303 (1,940)	44,841	60,193	143,336	8,508
トヨタ車体㈱ 富士松工場ほか （愛知県刈谷市）	自動車	自動車 生産設備	34,457 (2,274) （※ 246）	44,508	64,145	143,110	11,504

（注） 1　上記帳簿価額には，建設仮勘定を含みません。

　　　 2　上記の子会社には，上表のほか，リース取引に係る使用権資産が40,193百万円あります。

　　　　 上表の（※）は使用権資産に含まれる土地（単位：千㎡）であり，外数です。

　　　 3　上表には，車両運搬具を中心にオペレーティング・リース取引に係る賃貸資産が42,584百万円含まれています。また，賃貸中の土地が含まれており，面積は341千㎡です。

(4) 在外子会社の状況

主な子会社および事業所名（主な所在地）	事業別セグメントの名称	主な設備の内容	帳簿価額（百万円）				従業員数（人）
			土地（面積千㎡）	建物	機械装置、賃貸用車両及び器具	合計	
トヨタ モーター マニュファクチャリング カナダ㈱（Cambridge, Ontario, Canada)	自動車	自動車生産設備	2,908（4,752)	28,144	203,704	234,757	7,904
トヨタ モーター マニュファクチャリング インディアナ㈱（Princeton, Indiana, U.S.A.)	自動車	自動車生産設備	2,675（4,359)	22,746	164,471	189,893	6,490
トヨタ モーター マニュファクチャリング テキサス㈱（San Antonio, Texas, U.S.A.)	自動車	自動車生産設備	1,042（8,127)	18,764	165,776	185,581	2,881
タイ国トヨタ自動車㈱（Samutprakarn, Thailand)	自動車	自動車生産設備	38,136（4,414)	24,992	74,472	137,601	8,189
トヨタ モーター マニュファクチャリング ケンタッキー㈱（Georgetown, Kentucky, U.S.A.)	自動車	自動車生産設備	5,220（5,161)	29,876	99,656	134,753	7,715

(注) 1 上記帳簿価額には，建設仮勘定を含みません。

2 上上記の子会社には，上表のほか，リース取引に係る使用権資産が49,783百万円あります。

上表の（※）は使用権資産に含まれる土地（単位：千m²）であり，外数です。

3 上表には，賃貸中の土地が含まれており，面積は911千m²です。

3 設備の新設，除却等の計画

　トヨタの設備投資については，さらなる投資効率の向上をはかりつつ，今後の生産計画，需要予測等を総合的に勘案して計画しています。

　翌連結会計年度（自2023年4月1日至2024年3月31日）におけるトヨタの設備の新設等に係る投資予定金額（総額）は1,860,000百万円です。なお，この金額はリース用資産に係る投資を含みません。

　重要な設備の新設，除却等の計画は，次のとおりです。

（1）　新設等

会社名	所在地	事業別セグメントの名称	設備の内容	投資予定金額（百万円）（自　2023年4月1日　至　2024年3月31日）	資金調達方法
トヨタ自動車㈱	愛知県豊田市	自動車およびその他	生産設備等	530,000	自己資金
トヨタ　バッテリー　マニュファクチャリング㈱	Liberty, North Carolina, U.S.A.	自動車	生産設備等	186,000	自己資金
トヨタ　モーター　マニュファクチャリング　グアナファト㈱	Apaseo el Grande, Guanajuato, Mexico	自動車	生産設備等	104,400	自己資金
トヨタ　モーター　マニュファクチャリング　インディアナ㈱	Princeton, Indiana, U.S.A.	自動車	生産設備等	91,700	自己資金
プライム　プラネット　エナジー＆　ソリューションズ㈱	東京都中央区	自動車	生産設備等	76,500	自己資金
トヨタ　モーター　マニュファクチャリング　ケンタッキー㈱	Georgetown, Kentucky, U.S.A.	自動車	生産設備等	75,700	自己資金

（2）　除却および売却

　経常的な設備の更新のための除却および売却を除き，重要な設備の除却および売却の計画はありません。

提出会社の状況

1 株式等の状況

（1）株式の総数等 ···

① 株式の総数

種類	発行可能株式総数（株）
普通株式	50,000,000,000
計	50,000,000,000

② 発行済株式

種類	事業年度末現在 発行数（株） （2023年3月31日）	提出日現在 発行数（株） （2023年6月30日）	上場金融商品取引所名 又は登録認可金融商品 取引業協会名	内容
普通株式	16,314,987,460	16,314,987,460	東京、名古屋、ニューヨーク、ロンドン各証券取引所（東京はプライム市場、名古屋はプレミア市場）	単元株式数 100株 （注）
計	16,314,987,460	16,314,987,460	―	―

(注) 発行済株式は，すべて議決権を有する株式です。

経理の状況

1 連結財務諸表及び財務諸表の作成方法について ·······························

（1）当社の連結財務諸表は，「連結財務諸表の用語，様式及び作成方法に関する規則」（昭和51年大蔵省令第28号。以下「連結財務諸表規則」という。）第93条の規定により，IFRSに準拠して作成しています。

　また，連結財務諸表の記載金額は，百万円未満の端数を四捨五入して表示しています。各数値の合計が合計額と一致しない場合があります。

（2）当社の財務諸表は，「財務諸表等の用語，様式及び作成方法に関する規則」（昭和38年大蔵省令第59号。以下「財務諸表等規則」という。）に基づいて作成しています。当社は，特例財務諸表提出会社に該当し，財務諸表等規則第

127条の規定により財務諸表を作成しています。

　また，財務諸表の記載金額は，百万円未満の端数を四捨五入して表示しています。各数値の合計が合計額と一致しない場合があります。

2　監査証明について …………………………………………………………

　当社は，金融商品取引法第193条の2第1項の規定に基づき，連結会計年度（2022年4月1日から2023年3月31日まで）の連結財務諸表および事業年度（2022年4月1日から2023年3月31日まで）の財務諸表について，PwCあらた有限責任監査法人による監査を受けています。

3　連結財務諸表等の適正性を確保するための特段の取組みおよびIFRSに基づいて連結財務諸表等を適正に作成することができる体制の整備について ………

　当社は，以下のとおり，連結財務諸表等の適正性を確保するための特段の取組みおよびIFRSに基づいて連結財務諸表等を適正に作成することができる体制の整備を行っています。

(1)　会計基準等の内容を適切に把握し，または会計基準等の変更等について的確に対応できる体制を整備するため，公益財団法人財務会計基準機構への加入等を行っています。また，同機構および監査法人等が主催するセミナー　への参加や会計専門誌の定期購読等を行っています。

(2)　IFRSの適用については，国際会計基準審議会が公表するプレスリリースや基準書を随時入手し，最新の基準の把　握を行っています。また，IFRSに基づく適正な連結財務諸表等を作成するために，IFRSに準拠した連結決算会計方針および会計指針を作成し，それらに基づいて会計処理を行っています。

(3)　適正な連結財務諸表等を作成するため，米国企業改革法第404条で求められる財務報告に係る有効な内部統制を　構築および維持しています。また，アカウンタビリティの充実を図るため，情報開示委員会を設置し，当社の開　示すべき重要情報の網羅性，適正性を確保しています。

（1）【連結財務諸表】···

① 【連結財政状態計算書】

（単位：百万円）

	注記	前連結会計年度 （2022年3月31日）	当連結会計年度 （2023年3月31日）
資産			
流動資産			
現金及び現金同等物	6	6,113,655	7,516,966
営業債権及びその他の債権	7	3,142,832	3,586,130
金融事業に係る債権	8	7,181,327	8,279,806
その他の金融資産	9	2,507,248	1,715,675
棚卸資産	10	3,821,356	4,255,614
未収法人所得税		163,925	218,704
その他の流動資産		791,947	886,885
流動資産合計		23,722,290	26,459,781
非流動資産			
持分法で会計処理されている投資	11	4,837,895	5,227,345
金融事業に係る債権	8	14,583,130	16,491,045
その他の金融資産	9	9,517,267	10,556,431
有形固定資産			
土地	12	1,361,791	1,426,370
建物	12	5,284,620	5,464,811
機械装置	12	13,982,362	14,796,619
賃貸用車両及び器具	12	6,781,229	6,774,427
建設仮勘定	12	565,528	846,866
小計	12	27,975,530	29,309,093
減価償却累計額及び減損損失 累計額＜控除＞	12	△15,648,890	△16,675,119
有形固定資産合計	12	12,326,640	12,633,974
使用権資産	13	448,412	491,368
無形資産	14	1,191,966	1,249,122
繰延税金資産	15	342,202	387,427
その他の非流動資産	23	718,968	806,687
非流動資産合計		43,966,482	47,843,399
資産合計		67,688,771	74,303,180

	注記	前連結会計年度 （2022年3月31日）	当連結会計年度 （2023年3月31日）
負債			
流動負債			
営業債務及びその他の債務	16	4,292,092	4,986,309
有利子負債	17	11,187,839	12,305,639
未払費用		1,520,446	1,552,345
その他の金融負債	18	1,046,050	1,392,397
未払法人所得税		826,815	404,606
品質保証に係る負債	24	1,555,711	1,686,357
その他の流動負債		1,413,208	1,632,063
流動負債合計		21,842,161	23,959,715
非流動負債			
有利子負債	17	15,308,519	17,074,634
その他の金融負債	18	461,583	533,710
退職給付に係る負債	23	1,022,749	1,065,508
繰延税金負債	15	1,354,794	1,802,346
その他の非流動負債		544,145	603,052
非流動負債合計		18,691,790	21,079,251
負債合計		40,533,951	45,038,967
資本			
資本金	25	397,050	397,050
資本剰余金	25	498,575	498,728
利益剰余金	25	26,453,126	28,343,296
その他の資本の構成要素	25	2,203,254	2,836,195
自己株式	25	△3,306,037	△3,736,562
親会社の所有者に帰属する持分合計	25	26,245,969	28,338,706
非支配持分		908,851	925,507
資本合計		27,154,820	29,264,213
負債及び資本合計		67,688,771	74,303,180

② 【連結損益計算書及び連結包括利益計算書】

【連結損益計算書】

（単位：百万円）

	注記	前連結会計年度 （2022年3月31日に 終了した1年間）	当連結会計年度 （2023年3月31日に 終了した1年間）
営業収益			
商品・製品売上収益	26	29,073,428	34,367,619
金融事業に係る金融収益	26	2,306,079	2,786,679
営業収益合計	26	31,379,507	37,154,298
売上原価並びに販売費及び 一般管理費			
売上原価		24,250,784	29,128,561
金融事業に係る金融費用		1,157,050	1,712,721
販売費及び一般管理費		2,975,977	3,587,990
売上原価並びに販売費及び 一般管理費合計		28,383,811	34,429,273
営業利益		2,995,697	2,725,025
持分法による投資損益	11	560,346	643,063
その他の金融収益	28	334,760	379,350
その他の金融費用	28	△43,997	△125,113
為替差損益＜純額＞		216,187	124,516
その他＜純額＞		△72,461	△78,109
税引前利益		3,990,532	3,668,733
法人所得税費用	15	1,115,918	1,175,765
当期利益		2,874,614	2,492,967
当期利益の帰属			
親会社の所有者		2,850,110	2,451,318
非支配持分		24,504	41,650
当期利益		2,874,614	2,492,967

（単位：百万円）

1株当たり親会社の所有者に帰属する 当期利益			
基本的	29	205.23	179.47
希薄化後	29	205.23	179.47

【連結包括利益計算書】

（単位：百万円）

	注記	前連結会計年度 （2022年3月31日に終了 した1年間）	当連結会計年度 （2023年3月31日に終了 した1年間）
当期利益		2,874,614	2,492,967
その他の包括利益（税効果考慮後）			
純損益に振り替えられることのない項目			
その他の包括利益を通じて公正価値で 測定する金融資産の公正価値変動	25	△49,242	99,223
確定給付制度の再測定	25	136,250	65,153
持分法で会計処理されている投資の その他の包括利益に対する持分相当額	11,25	113,641	△77,148
合計		200,648	87,228
純損益に振り替えられる可能性のある 項目			
在外営業活動体の為替換算差額	25	902,844	676,042
その他の包括利益を通じて公正価値で 測定する金融資産の公正価値変動	25	△154,174	△115,738
持分法で会計処理されている投資の その他の包括利益に対する持分相当額	11,25	193,811	180,181
合計		942,480	740,485
その他の包括利益（税効果考慮後）合計	25	1,143,129	827,713
当期包括利益		4,017,742	3,320,681
当期包括利益の帰属			
親会社の所有者		3,954,350	3,251,090
非支配持分		63,392	69,591
当期包括利益		4,017,742	3,320,681

③ 【連結持分変動計算書】

前連結会計年度（2022年3月31日に終了した1年間）

（単位：百万円）

	注記	親会社の所有者に帰属する持分						非支配持分	資本合計
		資本金	資本剰余金	利益剰余金	その他の資本の構成要素	自己株式	合計		
2021年4月1日現在残高		397,050	497,275	24,104,176	1,307,726	△2,901,680	23,404,547	883,782	24,288,329
当期包括利益									
当期利益		–	–	2,850,110	–	–	2,850,110	24,504	2,874,614
その他の包括利益（税効果考慮後）	25	–	–	–	1,104,240	–	1,104,240	38,889	1,143,129
当期包括利益合計		–	–	2,850,110	1,104,240	–	3,954,350	63,392	4,017,742
所有者との取引等									
配当金の支払	25	–	–	△709,872	–	–	△709,872	△51,723	△761,595
自己株式の取得	25	–	–	–	–	△404,718	△404,718	–	△404,718
自己株式の処分	25	–	227	–	–	362	588	–	588
その他		–	1,074	–	–	–	1,074	13,400	14,473
所有者との取引等合計		–	1,300	△709,872	–	△404,357	△1,112,928	△38,323	△1,151,252
その他の資本の構成要素から利益剰余金への振替	25	–	–	208,712	△208,712	–	–	–	–
2022年3月31日現在残高		397,050	498,575	26,453,126	2,203,254	△3,306,037	26,245,969	908,851	27,154,820

当連結会計年度（2023年3月31日に終了した1年間）

（単位：百万円）

	注記	親会社の所有者に帰属する持分						非支配持分	資本合計
		資本金	資本剰余金	利益剰余金	その他の資本の構成要素	自己株式	合計		
2022年4月1日現在残高		397,050	498,575	26,453,126	2,203,254	△3,306,037	26,245,969	908,851	27,154,820
当期包括利益									
当期利益		–	–	2,451,318	–	–	2,451,318	41,650	2,492,967
その他の包括利益（税効果考慮後）	25	–	–	–	799,772	–	799,772	27,941	827,713
当期包括利益合計		–	–	2,451,318	799,772	–	3,251,090	69,591	3,320,681
所有者との取引等									
配当金の支払	25	–	–	△727,980	–	–	△727,980	△84,986	△812,966
自己株式の取得	25	–	–	–	–	△431,099	△431,099	–	△431,099
自己株式の処分	25	–	334	–	–	573	907	–	907
その他		–	△181	–	–	–	△181	32,052	31,871
所有者との取引等合計		–	152	△727,980	–	△430,526	△1,158,353	△52,934	△1,211,287
その他の資本の構成要素から利益剰余金への振替	25	–	–	166,831	△166,831	–	–	–	–
2023年3月31日現在残高		397,050	498,728	28,343,296	2,836,195	△3,736,562	28,338,706	925,507	29,264,213

④ 【連結キャッシュ・フロー計算書】

(単位：百万円)

	注記	前連結会計年度 (2022年3月31日に終了 した1年間)	当連結会計年度 (2023年3月31日に終了 した1年間)
営業活動によるキャッシュ・フロー			
当期利益		2,874,614	2,492,967
減価償却費及び償却費		1,821,880	2,039,904
金融事業に係る利息収益及び利息費用		△354,102	△694,331
持分法による投資損益		△560,346	△643,063
法人所得税費用		1,110,310	1,176,706
資産及び負債の増減ほか		△1,130,667	△1,502,482
営業債権及びその他の債権の増減（△は増加）		118,652	△532,432
金融事業に係る債権の増減（△は増加）		△1,213,234	△1,760,288
棚卸資産の増減（△は増加）		△725,285	△350,550
その他の流動資産の増減（△は増加）		71,314	△61,538
営業債務及びその他の債務の増減（△は減少）		152,399	712,400
その他の流動負債の増減（△は減少）		410,546	545,666
退職給付に係る負債の増減（△は減少）		60,419	21,213
その他		△5,478	△76,953
利息の受取額		835,739	1,516,404
配当金の受取額		347,387	460,351
利息の支払額		△418,043	△593,216
法人所得税の支払額		△809,763	△1,297,224
営業活動によるキャッシュ・フロー		3,722,615	2,955,076
投資活動によるキャッシュ・フロー			
有形固定資産の購入＜賃貸資産を除く＞		△1,197,266	△1,450,196
賃貸資産の購入		△2,286,893	△1,907,356
有形固定資産の売却＜賃貸資産を除く＞		37,749	56,436
賃貸資産の売却		1,542,132	1,659,161
無形資産の取得		△346,085	△348,280
公社債及び株式の購入		△2,427,911	△1,150,214
公社債及び株式の売却		282,521	393,982
公社債の満期償還		1,920,116	939,747
その他	33	1,898,143	207,829
投資活動によるキャッシュ・フロー		△577,496	△1,598,890
財務活動によるキャッシュ・フロー			
短期有利子負債の純増減額（△は減少）	17	△579,216	239,689
長期有利子負債の増加	17	8,122,678	9,276,918
長期有利子負債の返済	17	△8,843,665	△8,353,033
親会社の所有者への配当金の支払額	25	△709,872	△727,980
非支配持分への配当金の支払額		△51,723	△84,986
自己株式の取得（△）及び処分		△404,718	△431,099
その他		－	24,310
財務活動によるキャッシュ・フロー		△2,466,516	△56,180
現金及び現金同等物に対する為替変動の影響額		334,195	103,305
現金及び現金同等物純増減額（△は減少）		1,012,798	1,403,311
現金及び現金同等物期首残高		5,100,857	6,113,655
現金及び現金同等物期末残高	6	6,113,655	7,516,966

【連結財務諸表注記】

1 報告企業 ………………………………………………………………

　当社は，日本に所在する株式会社であり，その本社は愛知県豊田市に登記されています。連結財務諸表は，当社および連結子会社ならびに関連会社および共同支配企業に対する持分により構成されています。

　当社および当社の関係会社は主にセダン，ミニバン，コンパクト，SUV，トラック等の自動車とその関連部品・用品の設計，製造および販売を世界的規模で行っています。また，当社および当社の関係会社が製造する自動車および他の製品の販売を補完するための金融ならびに車両のリース事業を，主として販売代理店およびその顧客に対して行っています。

2 作成の基礎 ………………………………………………………………

（1） 連結財務諸表がIFRSに準拠している旨 …………………………………

　トヨタの連結財務諸表は，連結財務諸表規則第1条の2に掲げる「指定国際会計基準特定会社」の要件を満たしており，同規則第93条の規定によりIFRSに準拠して作成しています。

　当連結財務諸表は，2023年6月30日に当社取締役社長佐藤恒治および取締役CFO宮崎洋一によって承認されています。

（2） 測定の基礎 ………………………………………………………………

　トヨタの連結財務諸表は，注記3.「重要な会計方針」に記載している公正価値で測定する金融商品，退職給付に係る負債等を除き，取得原価を基礎として作成しています。

（3） 機能通貨及び表示通貨 …………………………………………………

　トヨタの連結財務諸表の表示通貨は，当社の機能通貨である日本円であり，百万円未満を四捨五入しています。各数値の合計が合計額と一致しない場合があります。

3 重要な会計方針 …………………………………………………………

（1） 連結の基礎 ………………………………………………………………

① **子会社**

　トヨタの連結財務諸表は，当社および当社が支配する子会社を含んでいます。子会社には，当社または他の子会社が支配するストラクチャード・エンティティも含まれています。

　トヨタは，トヨタがある企業への関与により生じる変動リターンに対するエクスポージャーまたは権利を有し，かつ，当該企業に対するパワーにより当該リターンに影響を及ぼす能力を有している場合に，当該企業を支配していると判断しています。

　連結子会社が適用する会計方針がトヨタの適用する会計方針と異なる場合には，必要に応じて当該子会社の財務諸表に調整を加えています。連結会社間の重要な債権債務残高および内部取引高，ならびに連結会社間の取引から発生した未実現損益は，連結財務諸表の作成に際して消去しています。連結子会社持分を一部処分した際，支配が継続する場合には，資本取引として会計処理しています。支配を喪失した場合には，支配の喪失から生じた利得または損失を純損益として認識しています。

② **関連会社および共同支配企業**

　関連会社とは，トヨタが当該企業に対し，財務および営業の方針に重要な影響力を有しているものの，支配または共同支配をしていない企業をいいます。

　共同支配企業とは，契約上の取決めによりトヨタを含む複数の当事者が共同して支配をしており，その活動に関連する財務上および経営上の決定に際して，支配を共有する当事者の一致した合意を必要とする企業をいいます。

　関連会社および共同支配企業への投資は，持分法によって会計処理しています。関連会社または共同支配企業が適用する会計方針がトヨタの適用する会計方針と異なる場合には，必要に応じて当該関連会社または共同支配企業の財務諸表に調整を加えています。

　関連会社または共同支配企業に該当しなくなり，持分法の適用を中止した場合には，持分法の適用を中止したことから生じた利得または損失を純損益として認識しています。

(2) 外貨換算 ∙∙∙

① 外貨建取引

外貨建取引は，取引日の為替レートでトヨタの機能通貨に換算しています。期末における外貨建貨幣性資産および負債は，報告期間の期末日の為替レートでトヨタの機能通貨に換算しています。公正価値で測定する外貨建非貨幣性資産および負債は，当該公正価値の算定日における為替レートで機能通貨に換算しています。その結果生じる為替差損益は純損益として計上しています。なお，その他の包括利益を通じて公正価値で測定される資本性金融資産から生じる換算差額については，その他の包括利益として認識しています。

② 在外営業活動体

在外の連結子会社，関連会社および共同支配企業（以下，在外営業活動体という。）の資産および負債については報告期間の期末日の為替レート，収益および費用については，為替レートが著しく変動している場合を除き，期中平均為替レートを用いて円貨に換算しています。その結果生じた換算差額は，その他の包括利益として認識し，連結財政状態計算書のその他の資本の構成要素に含めています。在外営業活動体の換算差額の累積額は，在外営業活動体を処分し，支配，重要な影響力または共同支配企業の取決めを喪失した期間に純損益として認識しています。

(3) 現金及び現金同等物 ∙∙

現金及び現金同等物は，手許現金，随時引き出し可能な預金および容易に換金可能であり，かつ，価値の変動について僅少なリスクしか負わない取得日から3ヶ月以内に償還期限の到来する短期投資から構成されています。

(4) 金融商品 ∙∙∙

① 金融資産

（ⅰ）当初認識および測定

トヨタは，金融資産について契約の当事者となった時点で当初認識し，デリバティブ以外について，償却原価で測定する金融資産，その他の包括利益

を通じて公正価値で測定する負債性および資本性金融資産，純損益を通じて公正価値で測定する金融資産に分類しています。なお，金融資産の通常の方法による売買は，約定日において認識または認識の中止を行っています。

　純損益を通じて公正価値で測定する区分に分類される金融資産は公正価値で測定していますが，それ以外の金融資産は取得に直接起因する取引コストを公正価値に加算した金額で測定し，当初に認識しています。重要な金融要素を含んでいない営業債権は，取引価格で測定しています。

(a) 償却原価で測定する金融資産

　以下の要件をともに満たす場合には，償却原価で測定する金融資産に分類しています。

・契約上のキャッシュ・フローを回収するために資産を保有することを目的とする事業モデルに基づいて，金融資産が保有されていること。

・金融資産の契約条件により，元本および元本残高に対する利息の支払いのみであるキャッシュ・フローが特定の日に生じる取引。

(b) その他の包括利益を通じて公正価値で測定する負債性金融資産

　以下の要件をともに満たす場合には，その他の包括利益を通じて公正価値で測定する負債性金融資産に分類しています。

・契約上のキャッシュ・フローの回収と売却の両方の目的で金融資産を管理する事業モデルに基づいて，金融資産が保有されている。

・金融資産の契約条件により，元本および元本残高に対する利息の支払いのみであるキャッシュ・フローが特定の日に生じる。

(c) その他の包括利益を通じて公正価値で測定する資本性金融資産

　投資先との取引関係の維持または強化を主な目的として保有する株式などの資本性金融資産については，当初認識時にその他の包括利益を通じて公正価値で測定する金融資産に指定し，当該指定を継続的に適用しています。

(d) 純損益を通じて公正価値で測定する金融資産

　(a) ～ (c) 以外の金融資産は，純損益を通じて公正価値で測定する金融資産に分類しています。

(ⅱ) 事後測定

金融資産の当初認識後の測定は，その分類に応じて次のとおり測定しています。

(a) 償却原価で測定する金融資産

償却原価で測定する金融資産については，実効金利法による償却原価により測定しています。

(b) その他の包括利益を通じて公正価値で測定する負債性金融資産

当該金融資産の公正価値の事後的な変動額はその他の包括利益として認識しています。減損に係る利得または損失，利息収益，および為替差損益は純損益として認識しています。当該金融資産の認識を中止した場合は，その他の包括利益を通じて認識された利得または損失の累計額をその他の資本の構成要素から純損益に組替調整しています。

(c) その他の包括利益を通じて公正価値で測定する資本性金融資産

当該金融資産の公正価値の事後的な変動額はその他の包括利益として認識しています。当該金融資産の認識を中止した場合は，その他の包括利益を通じて認識された利得または損失の累計額をその他の資本の構成要素から利益剰余金に振り替えています。

なお，当該金融資産からの配当金については，純損益として認識しています。

(d) 純損益を通じて公正価値で測定する金融資産

当該金融資産の公正価値の事後的な変動額は，純損益として認識しています。

(ⅲ) 金融資産の減損

償却原価で測定する金融資産およびその他の包括利益を通じて公正価値で測定する負債性金融資産の予想信用損失について，金融損失引当金を計上しています。オフバランスの信用エクスポージャーであるローン・コミットメントおよび金融保証契約について，予想信用損失に対する金融損失引当金を認識しています。

金融損失引当金は，報告期間末日ごとに金融資産に係る信用リスクが当初認識時点以降に著しく増大しているかどうかの評価に基づき測定していま

す。報告期間末日において，ある金融商品に関する信用リスクが当初認識以降に著しく増大している場合には，金融損失引当金は，当該金融商品の存続期間にわたって発生する可能性のあるすべての債務不履行事象から生じる予想信用損失（全期間の予想信用損失）に等しい金額で測定しています。

　報告期間末日において，ある金融商品に関する信用リスクが当初認識以降に著しくは増大していない場合には，金融損失引当金は，報告期間末日から12ヶ月以内に発生する可能性のある債務不履行事象によって生じる予想信用損失（12ヶ月の予想信用損失）に等しい金額で測定しています。

　ただし，「営業債権及びその他の債権」に含まれる営業債権およびファイナンス・リース債権については，常に全期間の予想信用損失を引当金として認識しています。

　予想信用損失の金額は，トヨタに支払われるべき契約上のキャッシュ・フローの総額と，トヨタが受け取ると見積もられる将来キャッシュ・フローとの差額の現在価値として測定し，純損益として認識しています。金融損失引当金を減額する場合における戻入額は純損益として認識しています。

　なお，債務者の財務状況の著しい悪化，債務者による債務不履行または延滞等の契約違反等，金融資産が信用減損している証拠がある場合，金融損失引当金を控除後の帳簿価額の純額に対して，実効金利法を適用し利息収益を測定しています。金融資産の全体または一部分を回収するという合理的な予想を有していない場合は，当該金額を金融資産の帳簿価額から直接減額しています。

（ⅳ）　金融資産の認識の中止

　トヨタは，金融資産からのキャッシュ・フローに対する契約上の権利が消滅する，またはトヨタが金融資産の所有のリスクと経済価値のほとんどすべてを移転する場合において，金融資産の認識を中止しています。トヨタは，金融資産を譲渡した場合でも，実質的にそのリスクと経済価値のほとんどすべてを移転したわけでもなく，また，そのほとんどすべてを保持してもいない状況において，当該譲渡金融資産に対する支配を継続している場合には，その金融資産に対する留保持分および関連して支払う可能性がある負債を認

識しています。

② **金融負債**

（ⅰ）　当初認識および測定

トヨタは，デリバティブ以外の金融負債について，当初認識時に公正価値から発行に直接起因する取引コストを控除した金額で測定しています。

（ⅱ）　事後測定

当初認識後については，実効金利法による償却原価で測定しています。実効金利法による償却ならびに認識が中止された場合の利得および損失については，金融収益または費用の一部として，純損益に認識しています。

（ⅲ）　金融負債の認識の中止

トヨタは，金融負債が消滅したとき，すなわち，契約において特定された債務が履行による消滅，免責，取消し，または失効したときに，金融負債の認識を中止しています。

③ **デリバティブ金融商品**

トヨタは，金利および為替の変動によるリスクを管理するために，先物為替予約取引，通貨オプション取引，金利スワップ取引，金利通貨スワップ取引および金利オプション取引を含むデリバティブ金融商品を利用しており，すべてのデリバティブ取引を公正価値で資産または負債として計上しています。

トヨタはデリバティブ金融商品を投機もしくは売買目的で使用していません。

（5）　金融事業に係る債権 ···

金融事業に係る債権（以下，金融債権という。）は，連結財政状態計算書において，未稼得金融収益，繰延融資初期費用および金融損失引当金を加味した純額で表示しています。なお，繰延融資初期費用は契約期間にわたり利益率が一定となるように償却しています。

金融債権のポートフォリオは主にトヨタの事業の性質と金融債権の特性を質的側面から考慮して決定しており，以下の3つに分類しています。

① **小売債権ポートフォリオ**

小売債権ポートフォリオは，主にディーラーから取得した車両販売の割賦債

権（以下，自動車割賦債権という。）により構成され，クレジット・カード債権を含んでいます。これらの債権は，取得時に所定の信用基準を満たさなければなりません。また，取得後，トヨタは割賦代金の回収および契約の管理について責任を有します。

自動車割賦債権の契約期間は主に2年から7年です。トヨタは，融資対象となった車両に対する担保権を取得し，顧客が債務不履行に陥った場合，担保権を実行できます。ほとんどすべての自動車割賦債権に遡求権はなく，担保権を実行した場合にもディーラーは債務履行責任を負うことはありません。

金融債権に内在する一般的なリスク特性や信用リスクの類似性を基礎としながら，金額的重要性を考慮して，小売債権ポートフォリオを信用リスク管理の実務上，1つのポートフォリオとして管理しています。

② **ファイナンス・リース債権ポートフォリオ**

ファイナンス・リース債権は，新車のリース契約に係る債権です。リース契約の期間は主に2年から5年です。当該債権は，取得時に所定の信用基準を満たさなければならず，取得後，トヨタはリース車両の所有権を引き受けます。また，トヨタはリース料金の回収および契約の管理について責任を有します。

トヨタは，リース契約者が債務不履行に陥った場合，通常，当該車両を占有することが認められます。残存価額は車両が新規にリースされた時点で評価され，リース終了時にトヨタに返却された車両はオークションにて売却されます。

金融債権に内在する一般的なリスク特性や信用リスクの類似性を基礎として，ファイナンス・リース債権ポートフォリオを信用リスク管理の実務上，1つのポートフォリオとして管理しています。

③ **卸売債権およびその他のディーラー貸付金ポートフォリオ**

トヨタは，適性を満たしたディーラーに対して，在庫購入のための融資を行っています。トヨタは，融資対象となった車両に対する担保権を取得し，さらに必要がある場合，ディーラーの資産または経営者の個人資産あるいはその両方に担保権を設定します。ディーラーが債務不履行に陥った場合，トヨタは取得した資産を処分する権利を有します。

また，トヨタは，ディーラーに対して事業買収，設備の改修，不動産購入お

および運転資金のための期限付融資も行っています。当該融資は，通常，不動産への担保権，その他のディーラーの資産または経営者の個人資産により保全されています。

　金融債権に内在するリスク特性を基礎として，卸売債権およびその他のディーラー貸付金ポートフォリオを信用リスク管理の実務上，1つのポートフォリオとして管理しています。

(6) 金融事業に係る金融損失引当金 ···

　金融債権に対する予想損失は，信用リスク評価プロセスの一環として行われている体系的かつ継続的なレビューおよび評価，過去の損失の実績，ポートフォリオの規模および構成，現在の経済的な事象および状況，担保物の見積公正価値およびその十分性，経済状況の動向などの将来予測情報，ならびにその他の関連する要因に基づき，ポートフォリオ別に測定しています。なお，集合的に予想信用損失を算定する場合，商品の種類，担保の種類など，共通のリスク特性に基づいてポートフォリオをグルーピングしています。

① 小売債権ポートフォリオ

　小売債権については，債務不履行となる確率の変化や延滞日数を指標として当該金融債権の信用リスクが著しく増大したか否かを判定しています。30日超期日経過の場合には，その信用リスクは著しく増大したものとみなしています。期末日時点で，貸付金に係る信用リスクが当初認識以降に著しく増大していない場合には，12ヶ月の予想信用損失を見積もって当該金融債権に係る金融損失引当金の額を算定しています。

　一方，期末日時点で，信用リスクが当初認識以降に著しく増大している場合は，その金融債権の回収に係る全期間の予想信用損失を見積もって当該金融債権に係る金融損失引当金の額を算定しています。債務者による債務不履行または延滞等の契約違反等，金融債権が信用減損している証拠がある場合に信用減損していると判断し，過去の貸倒実績や将来の回収可能価額などをもとに，その金融債権の回収に係る全期間の予想信用損失を見積もって当該金融債権に係る金融損失引当金の額を算定しています。

予想信用損失の算定にあたっては，過去の実績に基づく債務不履行の確率と債務不履行時損失率をもとに，現在および将来の経済状況の予測を反映させています。

内部管理規程に基づき，相当期間の延滞，もしくは，顧客が契約上の義務を期日に履行できないことが明らかになった場合に，債務不履行と判断しています。

② ファイナンス・リース債権ポートフォリオ

ファイナンス・リース債権ポートフォリオについては，常に全期間の予想信用損失をもって金融損失引当金の額を算定しています。内部管理規程に基づき，相当期間の延滞，もしくは，顧客が契約上の義務を期日に履行できないことが明らかになった場合に，債務不履行と判断しています。

③ 卸売債権およびその他のディーラー貸付金ポートフォリオ

卸売債権およびその他のディーラー貸付金ポートフォリオについては，内部におけるリスク評価を基礎として信用状況別に債権を区分しています。この区分の変化を指標として，金融債権の信用リスクが当初認識以降に著しく増大したか否かを判定しています。なお，30日超期日経過の場合には，その信用リスクは著しく増大したものとみなしています。期末日時点で，信用リスクが当初認識以降に著しく増大していない場合には，12ヶ月の予想信用損失を見積もって当該金融債権に係る金融損失引当金の額を算定しています。

一方，期末日時点で，信用リスクが当初認識以降に著しく増大している場合は，その金融債権の回収に係る全期間の予想信用損失を見積もって当該金融債権に係る金融損失引当金の額を算定しています。債務者の財務状況の著しい悪化，債務者による債務不履行または延滞等の契約違反等，金融債権が信用減損している証拠がある場合に信用減損していると判断し，過去の貸倒実績や将来の回収可能価額などをもとに，その金融債権の回収に係る全期間の予想信用損失を個別に見積もって当該金融債権に係る金融損失引当金の額を算定しています。

予想信用損失の算定にあたっては，過去の実績に基づく債務不履行の確率と債務不履行時損失率をもとに，現在および将来の経済状況の予測を反映させています。内部管理規程に基づき，相当期間の延滞，もしくは，顧客が契約上の

義務を期日に履行できないことが明らかになった場合に，債務不履行と判断しています。

トヨタは，現在入手可能な情報に基づき，金融損失引当金は十分であると考えていますが，（ⅰ）資産の減損に関する見積りまたは仮定の変更，（ⅱ）将来の期待キャッシュ・フローの変化を示す情報の入手，または（ⅲ）経済およびその他の事象または状況の変化により，追加の引当金が必要となってくる可能性があります。中古車価値の実績値および推定値の低下とともに，金利の上昇，失業率の上昇および負債残高の増加といった消費者に影響を与える将来的な経済の変化が生じた場合，将来の金融事業の業績に悪影響を与える可能性があります。

(7) 棚卸資産 ....

棚卸資産は正味実現可能価額を超えない範囲において，取得原価で評価しています。正味実現可能価額は，通常の事業過程における見積売価から，完成までに要する見積原価および見積販売費用を控除した額です。取得原価は，主として総平均法に基づいて算定しており，購入原価，加工費および，現在の場所および状態に至るまでに要したすべての費用を含んでいます。

(8) 有形固定資産 ....

有形固定資産は，原価モデルを採用し，取得原価から減価償却累計額および減損損失累計額を控除した額で表示しています。重要な更新および改良のための支出は資産計上しており，少額の取替，維持および修理のための支出は発生時の費用として認識しています。有形固定資産の減価償却は，当該資産の区分，構造および用途等により見積もられた耐用年数に基づき，定額法で計算しています。見積耐用年数は，建物については2年から65年を，機械装置については2年から20年を使用しています。

なお，見積耐用年数，残存価額および減価償却方法は，各連結会計年度末に見直しを行い，変更があった場合は，会計上の見積りの変更として将来に向かって適用します。

賃貸用車両及び器具は第三者に対する賃貸であり，販売代理店が賃貸を開始して特定の連結子会社が取得したものです。そうした子会社は，各社が直接取得した資産についても賃貸を行っています。賃貸用車両及び器具は見積残存価額まで，主として2年から5年のリース期間にわたり定額法で償却しています。賃貸契約の取得に際して直接発生した費用は資産計上し，リース期間にわたり定額法で償却しています。

　トヨタは，リース期間の終了したリース資産の売却収入が，リース期間の終了時における当該資産の帳簿価額を下回るために，その売却時に損失が生じるというリスクにさらされています。トヨタは保有しているポートフォリオの未保証残存価値に関し予想される損失に備えるため，報告期間の期末日ごとに見積残存価額を見直しています。見積残存価額の見直しは，見積車両返却率および見積損失の程度を考慮して行っています。見積車両返却率および見積損失の程度を決定する際の考慮要因には，中古車販売に関する過去の情報や市場情報，リース車両返却の趨勢や新車市場の趨勢，および一般的な経済情勢が含まれています。トヨタはこれらの要因を評価し，いくつかの潜在的な損失のシナリオを想定したうえで，見積残存価額の見直しが予想される損失を補うに十分であるかを判断するため，見直した見積残存価額の妥当性を検討しています。

　トヨタは保有しているポートフォリオに関して予想される損失に対して十分な金額を，見積残存価額の見直しを行うことで減価償却費に反映しています。

(9)　無形資産

　無形資産は，原価モデルを採用し，取得原価から償却累計額および減損損失累計額を控除した額で表示しています。

　見積耐用年数および償却方法は，各連結会計年度末に見直しを行い，変更があった場合は，会計上の見積りの変更として将来に向かって適用します。

①　開発資産

　開発活動における支出については，その開発を完成させる技術上の実行可能性に加えて，その成果を使用または売却する意図・能力およびそのための財務その他の資源を十分に有し，かつ将来において経済的便益を得られる可能性が

高く，信頼性をもってその支出を測定可能な場合に，無形資産として認識しています。

開発資産の取得原価は，主に5年から10年にわたり定額法で償却しています。

② **その他の無形資産**

その他の無形資産は主としてソフトウェアであり，定額法により償却しています。その見積耐用年数は主として5年です。のれんはトヨタの連結財政状態計算書に対して重要ではありません。

（10） 非金融資産の減損

棚卸資産および繰延税金資産を除く非金融資産については，各報告期間の期末日において，資産が減損している可能性を示す兆候の有無を評価しています。その帳簿価額の回収可能性について疑義を生じさせる事象または状況変化がある場合に減損の判定を行っています。帳簿価額が非金融資産の使用および最後の処分から得られる割引後の見積キャッシュ・フローを超えている場合に，減損を計上しています。計上する減損の金額は，帳簿価額が回収可能価額を超過する場合のその超過額です。

（11） リース

トヨタは，契約の締結時に契約がリースであるか，またはリースを含んでいるかを判定しています。

① **借手**

借手のリース取引は，リースの開始日に使用権資産とリース負債を認識します。使用権資産は，リース負債の当初測定額に前払リース料等を調整した取得原価で当初測定しています。リース負債は，開始日時点で支払われていないリース料の割引現在価値で当初測定しています。

使用権資産は原価モデルを採用し，リースの開始日から，耐用年数またはリース期間のいずれか短い期間にわたって，定額法で償却しています。リース負債は実効金利法による償却原価で測定しています。リース負債は連結財政状態計算書において，有利子負債に含めて表示しています。利息費用は，各期間にお

いてリース負債残高に対して一定の利子率となるように，リース期間にわたって純損益として認識しています。

　トヨタが締結する土地，建物にかかるリース契約の多くには，事業上の柔軟性を確保するため等の様々な目的で，借手であるトヨタが行使可能である延長オプションが付されています。トヨタは延長オプションを行使することが合理的に確実であるかどうかを評価し，合理的に確実であると評価した場合には延長オプション期間をリース期間に含めています。

　リース期間が12ヶ月以内の短期リースは，リース料をリース期間にわたって，定額法により純損益として認識しています。

② 貸手

　貸手のリース取引は，契約時にリースをファイナンス・リースまたはオペレーティング・リースに分類します。

　ファイナンス・リースは，原資産の所有に伴うリスクと経済価値のほとんどすべてが移転するリース取引であり，オペレーティング・リースはそれ以外のリース取引です。

　オペレーティング・リースのリース料は，リース期間にわたって，定額法により純損益として認識しています。

(12)　退職後給付

　トヨタは，従業員の退職給付に関して確定給付制度および確定拠出制度の双方を有しています。

① 確定給付制度

　確定給付制度債務の現在価値および勤務費用を予測単位積増方式により算定しています。確定給付負債（資産）の純額は，確定給付制度債務の現在価値から，制度資産の公正価値を控除して算定しています。当期勤務費用および確定給付負債（資産）の純額に係る利息純額は純損益として認識しています。

　過去勤務費用は，発生時に純損益として認識しています。

　数理計算上の差異を含む，確定給付負債（資産）の純額の再測定は，発生時にその他の包括利益として認識しており，発生した連結会計年度において利益

剰余金に振り替えています。

② **確定拠出制度**

確定拠出制度の拠出は，従業員がサービスを提供した時点で純損益として認識しています。

(13) 品質保証に係る負債 ………………………………………………………

トヨタは通常，製品の製造過程およびその他の理由による製品の欠陥に対して保証を行っています。製品保証規定は，期間および使用方法あるいはそのいずれかに対応して決めており，製品の特性，販売地域およびその他の要因によって異なります。トヨタは製品販売時点において，当該製品の保証期間中に発生が予想される製品部品の修理または取替に係る見積製品保証費用を製品保証に係る負債として計上しています。製品保証に係る負債の金額は，保証期間内に不具合が発生した部品を修理または交換する際に発生する費用の総額を，販売時に最善の見積りに基づき計上するものであり，修理費用に関する現在入手可能な情報はもとより，製品の不具合に関する過去の経験を基礎として金額を見積もっています。各連結会計年度の見積製品保証費用額の計算は，1台当たりの製品保証費用見積額を基礎としています。1台当たりの製品保証費用見積額の計算にあたっては，過去の製品保証費用実払額を当該年度の販売台数で除して包括的に算定しています。

また，上記の製品保証に係る負債に加えて，製品のリコール等による市場処置費用をリコール等の市場処置に係る負債として見積計上しています。リコール等の市場処置に係る負債の金額は，基本的に，ある一定期間に販売された様々なモデル全体を，地域ごとに区分して，製品販売時点において包括的に算定しています。しかしながら，状況によっては，特定の製品のリコール等の市場処置に係る負債について，それらの支出が発生する可能性が高く，かつ合理的に見積もることができる場合に，個別に見積もる方法で算定しています。連結財政状態計算書上に計上されるリコール等の市場処置に係る負債のうち，包括的に計上される部分は，「リコール実払い累計額」を考慮して「リコールの支払い見込み総額」を基に算出します。当該負債は期間ごとに新しいデータに基づき評価され，適切な金額に調整されています。また，これらの負債は販売期間ごとに10年間に分けて管理してい

ます。「リコールの支払い見込み総額」は，数量＜販売台数＞に単価＜台当たり市場処置額＞を乗じて算出しています。台当たり市場処置額は，「台当たりリコール実払い累計額」を「過去の費用の発生パターン」で除して算出しています。「過去の費用の発生パターン」は，車両販売後10年間に発生したリコール支払い発生状況を表しています。販売時の包括的な見積り金額と，個々のリコールに対する実際の支払い金額との差の要因としては，台当たり平均修理費用と実際の修理費用（主に部品代と労務費）とに差が生じる場合および，過去の費用の発生パターンと実際に差が生じる場合などがあり，将来のリコール等の市場処置費用の見積りの中で調整されていきます。

　連結財政状態計算書上は，上記の製品保証に係る負債とリコール等の市場処置に係る負債を合算して，品質保証に係る負債として表示しています。また，連結損益計算書上は，製品保証費用およびリコール等の市場処置費用は売上原価の構成要素として表示しています。品質保証に係る負債の計算には，上記のとおり重要な見積りが必要となることから，この計算は本質的に不確実性を内包しています。したがって，実際の品質保証費用は見積りと異なることがあり，品質保証に係る負債を追加計上する必要が生じる可能性があります。

（14）　収益認識

　自動車事業では，完成車両および部品は，原則として販売代理店に対して販売代理店と合意した場所において製品を引き渡した時点で，生産用部品は，原則として製造会社に対して製品を船積みもしくは引き渡した時点で，履行義務を充足したと判断しています。対価については，販売時点またはその直後に支払いを受けており，重要な支払条件はありません。

　トヨタの販売奨励プログラムは，主に，販売代理店が特定期間に販売した車両総台数もしくは特定のモデルの販売台数に基づいて算定される販売代理店への現金支払の形態をとっています。トヨタは，プログラムで定める車両の販売時に，最頻値法を用いて，これらの販売奨励金をプログラムで定める金額だけ営業収益から控除しています。

　特定の完成車両の販売には，顧客が無償メンテナンスを受ける契約上の権利が

含まれています。当該履行義務の独立販売価格は，観察可能な価格を用いて，それが利用可能でない場合は予想コストにマージンを加算するアプローチを用いて算定しています。この無償メンテナンス契約による収益は繰り延べられ，契約に基づく履行義務を充足する際に発生する費用に応じて，契約期間にわたり収益として認識されます。

車両の最低再販売価額をトヨタが条件付きで保証する場合の収益は，リース会計の方法により売上の日から保証の最初の実行日までの間に期間配分して計上しています。これらの取引の対象になっている車両は資産として計上し，トヨタの減価償却方針に従い償却しています。

金融事業における利息収益は，実効金利法に基づき認識しています。

オペレーティング・リースの収益は，リース期間にわたり均等に計上しています。

なお，履行義務の充足時点と対価の受領時点との間が1年以内と見込まれる場合，実務上の簡便法を採用しており，重大な金融要素の調整は行っていません。また，営業収益は，通常顧客から徴収し政府機関へ納付される税金が控除された後の純額で計上しています。

（15） 法人所得税 ………………………………………………………

法人所得税は，当期税金と繰延税金から構成されています。

資産と負債の帳簿価額と税務基準額との間の一時差異，税務上の繰越欠損金および繰越税額控除に対して将来の期に課されるまたは回収される税額について，繰延税金資産および繰延税金負債を認識しています。

繰延税金資産は，将来減算一時差異，税務上の繰越欠損金および繰越税額控除について，将来それらを利用できる課税所得が稼得される可能性が高い範囲内で認識しています。

子会社，関連会社および共同支配企業に対する投資に関連する将来加算一時差異については，原則として繰延税金負債を認識しますが，トヨタが一時差異を解消する時期をコントロールでき，かつ予測可能な将来にその差異が解消されない可能性が高い場合には，繰延税金負債を認識していません。

繰延税金資産および繰延税金負債は，報告期間の期末日に制定または実質的に制定されている税率および税法に基づいて，資産が実現する期間または負債が決済される期間に適用されると予測される税率で測定しています。繰延税金資産および繰延税金負債の測定に当たっては，報告期間の期末日においてトヨタが意図する資産および負債の帳簿価額の回収または決済の方法から生じる税務上の帰結を反映しています。

（16）　1株当たり利益

　基本的1株当たり親会社の所有者に帰属する当期利益は，親会社の所有者に帰属する当期利益を，その期間の自己株式を調整した加重平均普通株式数で除すことにより計算しています。希薄化後1株当たり親会社の所有者に帰属する当期利益は，希薄化株式の影響を考慮し，親会社の所有者に帰属する当期利益および加重平均普通株式数を調整することにより計算しています。

（17）　未適用の公表済み基準書及び解釈指針

　連結財務諸表の公表の承認日までに新設または改訂が行われた基準書及び解釈指針のうち，トヨタの連結財務諸表に重要な影響を与えるものはありません。

2 財務諸表等

（1）【財務諸表】 ···

① 【貸借対照表】

（単位：百万円）

	前事業年度 （2022年3月31日）	当事業年度 （2023年3月31日）
資産の部		
流動資産		
現金及び預金	2,137,425	2,965,923
売掛金	※1 1,407,374	※1 1,665,651
有価証券	※2 1,830,005	※2 1,069,082
商品及び製品	268,181	271,851
仕掛品	80,997	92,409
原材料及び貯蔵品	505,709	606,535
短期貸付金	※1 1,220,787	※1 1,905,695
その他	※1 891,056	※1 1,071,649
貸倒引当金	△1,100	△2,300
流動資産合計	8,340,434	9,646,496
固定資産		
有形固定資産		
建物（純額）	388,600	368,733
構築物（純額）	67,075	72,847
機械及び装置（純額）	286,311	276,458
車両運搬具（純額）	34,050	32,902
工具、器具及び備品（純額）	82,469	84,331
土地	460,271	476,444
建設仮勘定	129,040	182,132
有形固定資産合計	1,447,816	1,493,848
投資その他の資産		
投資有価証券	※2 7,441,721	※2 8,396,331
関係会社株式・出資金	2,951,787	2,923,559
長期貸付金	※1 314,203	※1 306,069
繰延税金資産	240,473	203,011
その他	※1 299,507	※1 307,705
貸倒引当金	△44,900	△46,700
投資その他の資産合計	11,202,790	12,089,976
固定資産合計	12,650,607	13,583,824
資産合計	20,991,040	23,230,320

	前事業年度 （2022年3月31日）	当事業年度 （2023年3月31日）
負債の部		
流動負債		
支払手形	8	－
電子記録債務	※1　277,898	※1　359,552
買掛金	※1　944,991	※1　1,264,905
1年内返済予定の長期借入金	296,000	131,000
1年内償還予定の社債	111,195	287,060
未払金	※1　491,574	※1　499,418
未払法人税等	424,239	124,141
未払費用	※1　501,590	※1　587,714
預り金	※1　723,128	※1　971,746
製品保証引当金	949,545	922,221
役員賞与引当金	696	904
その他	※1　77,392	※1　128,447
流動負債合計	4,798,256	5,277,108
固定負債		
社債	1,011,950	840,590
長期借入金	－	165,000
退職給付引当金	362,871	358,876
その他	※1　210,691	95,704
固定負債合計	1,585,512	1,460,170
負債合計	6,383,768	6,737,278
純資産の部		
株主資本		
資本金	635,402	635,402
資本剰余金		
資本準備金	655,323	655,323
その他資本剰余金	－	334
資本剰余金合計	655,323	655,656
利益剰余金		
利益準備金	99,454	99,454
その他利益剰余金		
特別償却準備金	42	8
固定資産圧縮積立金	9,886	8,852
別途積立金	6,340,926	6,340,926
繰越利益剰余金	8,616,535	10,826,003
利益剰余金合計	15,066,843	17,275,243
自己株式	△3,311,202	△3,741,728
株主資本合計	13,046,366	14,824,574
評価・換算差額等		
その他有価証券評価差額金	1,560,906	1,668,468
評価・換算差額等合計	1,560,906	1,668,468
純資産合計	14,607,272	16,493,041
負債純資産合計	20,991,040	23,230,320

② 【損益計算書】

(単位：百万円)

	前事業年度 (自 2021年4月1日 至 2022年3月31日)	当事業年度 (自 2022年4月1日 至 2023年3月31日)
売上高	※1 12,607,858	※1 14,076,956
売上原価	※1 10,295,206	※1 11,039,192
売上総利益	2,312,652	3,037,764
販売費及び一般管理費	※2 1,182,963	※2 1,367,280
営業利益	1,129,689	1,670,484
営業外収益		
受取利息	62,377	156,740
受取配当金	856,050	1,575,737
その他	233,005	425,349
営業外収益合計	※1 1,151,431	※1 2,157,826
営業外費用		
支払利息	15,279	19,998
その他	※3 94,312	※3 287,464
営業外費用合計	※1 109,591	※1 307,462
経常利益	2,171,530	3,520,848
税引前当期純利益	2,171,530	3,520,848
法人税、住民税及び事業税	531,400	591,860
法人税等調整額	△53,817	△7,391
法人税等合計	477,583	584,469
当期純利益	1,693,947	2,936,379

③ 【株主資本等変動計算書】

前事業年度（自　2021年4月1日　至　2022年3月31日）

（単位：百万円）

	株主資本							
	資本金	資本剰余金			利益剰余金			
		資本準備金	その他資本剰余金	資本剰余金合計	利益準備金	その他利益剰余金		
						特別償却準備金	固定資産圧縮積立金	別途積立金
当期首残高	635,402	655,323	20,978	676,301	99,454	91	8,954	6,340,926
会計方針の変更による累積的影響額								
会計方針の変更を反映した当期首残高	635,402	655,323	20,978	676,301	99,454	91	8,954	6,340,926
当期変動額								
特別償却準備金の取崩						△50		
固定資産圧縮積立金の積立							1,003	
固定資産圧縮積立金の取崩							△71	
剰余金の配当								
当期純利益								
自己株式の取得								
自己株式の処分			192	192				
自己株式の消却			△502,348	△502,348				
利益剰余金から資本剰余金への振替			481,177	481,177				
株主資本以外の項目の当期変動額（純額）								
当期変動額合計	−	−	△20,978	△20,978	−	△50	932	−
当期末残高	635,402	655,323	−	655,323	99,454	42	9,886	6,340,926

	株主資本				評価・換算差額等		純資産合計
	利益剰余金		自己株式	株主資本合計	その他有価証券評価差額金	評価・換算差額等合計	
	その他利益剰余金 繰越利益剰余金	利益剰余金合計					
当期首残高	8,013,393	14,462,819	△3,168,492	12,606,029	1,287,992	1,287,992	13,894,021
会計方針の変更による累積的影響額	104,125	104,125		104,125			104,125
会計方針の変更を反映した当期首残高	8,117,517	14,566,943	△3,168,492	12,710,154	1,287,992	1,287,992	13,998,146
当期変動額							
特別償却準備金の取崩	50	−		−			−
固定資産圧縮積立金の積立	△1,003	−		−			−
固定資産圧縮積立金の取崩	71	−		−			−
剰余金の配当	△712,870	△712,870		△712,870			△712,870
当期純利益	1,693,947	1,693,947		1,693,947			1,693,947
自己株式の取得			△645,371	△645,371			△645,371
自己株式の処分			313	506			506
自己株式の消却			502,348	−			−
利益剰余金から資本剰余金への振替	△481,177	△481,177		−			−
株主資本以外の項目の当期変動額（純額）					272,914	272,914	272,914
当期変動額合計	499,018	499,900	△142,710	336,212	272,914	272,914	609,127
当期末残高	8,616,535	15,066,843	△3,311,202	13,046,366	1,560,906	1,560,906	14,607,272

当事業年度（自 2022年4月1日 至 2023年3月31日）

（単位：百万円）

	株主資本							
	資本金	資本剰余金			利益剰余金			
		資本準備金	その他資本剰余金	資本剰余金合計	利益準備金	その他利益剰余金		
						特別償却準備金	固定資産圧縮積立金	別途積立金
当期首残高	635,402	655,323	－	655,323	99,454	42	9,886	6,340,926
当期変動額								
特別償却準備金の取崩						△34		
固定資産圧縮積立金の取崩							△1,034	
剰余金の配当								
当期純利益								
自己株式の取得								
自己株式の処分			334	334				
株主資本以外の項目の当期変動額（純額）								
当期変動額合計	－		334	334		△34	△1,034	
当期末残高	635,402	655,323	334	655,656	99,454	8	8,852	6,340,926

	株主資本				評価・換算差額等		純資産合計
	利益剰余金		自己株式	株主資本合計	その他有価証券評価差額金	評価・換算差額等合計	
	その他利益剰余金繰越利益剰余金	利益剰余金合計					
当期首残高	8,616,535	15,066,843	△3,311,202	13,046,366	1,560,906	1,560,906	14,607,272
当期変動額							
特別償却準備金の取崩	34	－		－			－
固定資産圧縮積立金の取崩	1,034	－		－			－
剰余金の配当	△727,980	△727,980		△727,980			△727,980
当期純利益	2,936,379	2,936,379		2,936,379			2,936,379
自己株式の取得			△431,099	△431,099			△431,099
自己株式の処分			573	907			907
株主資本以外の項目の当期変動額（純額）					107,562	107,562	107,562
当期変動額合計	2,209,467	2,208,400	△430,526	1,778,207	107,562	107,562	1,885,769
当期末残高	10,826,003	17,275,243	△3,741,728	14,824,574	1,668,468	1,668,468	16,493,041

【注記事項】

（重要な会計方針）

1 資産の評価基準及び評価方法

(1) 有価証券の評価基準及び評価方法

子会社株式及び関連会社株式…………移動平均法による原価法

その他有価証券

　市場価格のない株式等以外のもの………時価法（評価差額は全部純資産直入法により処理し，売却原価は移動平均法により算定）

　市場価格のない株式等………………移動平均法による原価法

(2) 棚卸資産の評価基準及び評価方法

評価基準…………………………………原価法（貸借対照表価額は収益性の低下に基づく簿価切下げの方法により算定）

評価方法…………………………………一部を除き総平均法

2 有形固定資産の減価償却の方法

定率法

3 引当金の計上基準

(1) 貸倒引当金

売上債権等の貸倒れによる損失に備えるため，過去の貸倒実績に基づく繰入率のほか，債権の回収の難易などを検討して計上しています。

(2) 製品保証引当金

製品のアフターサービスに対する費用の支出に備えるため，保証書の約款および法令等に従い，過去の実績を基礎にして計上しています。

(3) 退職給付引当金

従業員（既に退職した者を含む）の退職給付に備えるため，期末における退職給付債務および年金資産の見込額に基づき，期末において発生していると認めら

れる額を計上しています。

4 収益及び費用の計上基準 ···

　自動車事業では，完成車両および部品は，原則として販売代理店に対して販売代理店と合意した場所において製品を引き渡した時点で，生産用部品は，原則として製造会社に対して製品を船積みもしくは引き渡した時点で，履行義務を充足したと判断しています。対価については，販売時点またはその直後に支払いを受けており，重要な支払条件はありません。

　当社の販売奨励プログラムは，主に，販売代理店が特定期間に販売した車両総台数もしくは特定のモデルの販売台数に基づいて算定される販売代理店への現金支払の形態をとっています。当社は，プログラムで定める車両の販売時に，最頻値法を用いて，これらの販売奨励金をプログラムで定める金額だけ売上から控除しています。

　特定の完成車両の販売には，顧客が無償メンテナンスを受ける契約上の権利が含まれています。当該履行義務の独立販売価格は，観察可能な価格を用いて，それが利用可能でない場合は予想コストにマージンを加算するアプローチを用いて算定しています。この無償メンテナンス契約による収益は繰り延べられ，契約に基づく履行義務を充足する際に発生する費用に応じて，契約期間にわたり収益として認識されます。

（重要な会計上の見積り）

　会計上の見積りにより当事業年度に係る財務諸表にその額を計上した項目であって，翌事業年度に係る財務諸表に重要な影響を与える可能性のあるものは，以下のとおりです。

1 品質保証に係る負債 ···

　（1）当事業年度の財務諸表に計上した金額

（単位：百万円）

	前事業年度	当事業年度
製品保証引当金 未払費用	1,231,801	1,267,086

（2）識別した項目に係る重要な会計上の見積りの内容に関する情報

　　金額の算出方法は，「連結財務諸表注記3（13），24」に記載した内容と同一です。

2　非金融資産の減損

（1）当事業年度の財務諸表に計上した金額

（単位：百万円）

	前事業年度	当事業年度
有形固定資産	1,447,816	1,493,848

（2）識別した項目に係る重要な会計上の見積りの内容に関する情報

　　金額の算出方法は，「連結財務諸表注記3（10），12」に記載した内容と同一です。

3　退職給付に係る負債

（1）当事業年度の財務諸表に計上した金額

（単位：百万円）

	前事業年度	当事業年度
退職給付引当金	362,871	358,876

（2）識別した項目に係る重要な会計上の見積りの内容に関する情報

　　金額の算出方法は，「連結財務諸表注記23」，財務諸表「注記事項（重要な会計方針）3（3)」に記載した内容と同一です。

4　繰延税金資産の回収可能性

（1）当事業年度の財務諸表に計上した金額

（単位：百万円）

	前事業年度	当事業年度
繰延税金資産	240,473	203,011

（2）識別した項目に係る重要な会計上の見積りの内容に関する情報

金額の算出方法は，「連結財務諸表注記3（15），15」に記載した内容と同一です。

（会計方針の変更）

　「時価の算定に関する会計基準の適用指針」（企業会計基準適用指針第31号 2021年6月17日。以下「時価算定会計基準適用指針」という。）を当事業年度の期首から適用し，時価算定会計基準適用指針第27-2項に定める経過的な取扱いに従って，時価算定会計基準適用指針が定める新たな会計方針を，将来にわたって適用することとしています。これによる財務諸表に与える影響はありません。

第2章

自動車業界の "今" を知ろう

企業の募集情報は手に入れた。しかし，それだけではまだ不十分。企業単位ではなく，業界全体を俯瞰する視点は，面接などでもよく問われる重要ポイントだ。この章では直近1年間の運輸業界を象徴する重大ニュースをまとめるとともに，今後の展望について言及している。また，章末には運輸業界における有名企業（一部抜粋）のリストも記載してあるので，今後の就職活動の参考にしてほしい。

▶▶ニッポンを走らせる力

自動車 業界の動向

> 「自動車」は，完成車をつくる「自動車メーカー」と，それを支える「自動車部品メーカー」で構成されている。完成車メーカーを部品メーカーが支える構図で多くの雇用を創出してきた，戦後日本の主力産業の1つである。

❖ 自動車業界の動向

　自動車業界は今，激動の時代に突入している。ガソリン車からエコカーへの転換，IT技術を駆使した自動運転の装備，また，中国やインドなど新興国市場への展開も見据えて，大きな変革の波が押し寄せている。そのなかで，世界の自動車市場は拡大を続けており，国際自動車工業会によると，2022年の自動車販売台数は前年比1.4％減の8162万台。半導体を中心とした部品不足が影響した。

　メーカー別に見ると，1048万台を販売したトヨタが，3年連続の首位。中国市場に力を入れている独フォルクスワーゲン（VW）が848万台で2位。韓国の現代自動車グループが684万台で3位に躍り出た。昨年3位の日産自動車・三菱自動車・仏ルノー3社連合が615万台で4位となった。近年はトヨタとVW，米ゼネラル・モーターズ（GM）が1000万台規模で競い合う構図が続いていたが，ゼネラル・モーターズは593万台とここ数年で販売台数を落とした。同社は19年に大規模リストラを実施。台数競争から一歩引き，次世代車開発に注力している。

　自動車メーカーの経営環境は，半導体不足の影響が響いている。22年は回復が続く一方で，世界的な半導体不足が足枷になり，減産を行うメーカーが相次いだ。販売の本格回復は23年以降になる見込みだ。

●世界中で進む排ガス規制強化，EV化

欧州では，2017年7月，イギリスとフランスが2040年までにガソリン車や

ディーゼル車の販売を全面的に禁止すると発表した。ドイツでも，2030年までにガソリン車などの販売を禁止する決議が国会で採択された。米国では，大気汚染が深刻なカリフォルニア州で最も規制が厳しく，2018年からはハイブリッド車（HV）はガソリンで走るため，エコカーの対象から外される。

2023年4月，国際エネルギー機関（IEA）は，2023年におけるEVの販売台数が，同年末までに2022年の1000万台を大きく上回る1400万台に達する予想と発表した。世界の自動車市場におけるEVの販売比率を見ると，2022年は14％と2020年の4％から大きく躍進している。IEAの予想によると，この数値は2023年末までに18％に跳ね上がる見込みだという。

2019年からは，EVを始め，プラグインハイブリッド車（PHV），燃料電池車（FCV）などエコカーの生産割合をメーカーに義務づける規制（NEV規制）も導入する。EVの普及においては，充電インフラの整備も進んでおり，IEAの発表では，2017年時点で住宅や事業者の充電所は推定約300万カ所，一般向け充電所は約43万カ所（4分の1が急速充電タイプ）設置されているという。こういった環境整備もあり，今後の予測としては2030年までに，中国，EU，アメリカにおける新車販売数中のEVシェアは平均60％まで増加すると見られている。

● 他業種ライバルの前に，連携を模索するメーカー各社

「エコカー」と「自動運転」という二つの技術革新を前にして，自動車メーカーの間では互いに連携を深める動きが活発化している。トヨタは2016年8月，ダイハツ工業を完全子会社化，日野自動車も傘下にあり，スバルとは資本提携している。また，2017年に入り，2月にはスズキと業務提携を，8月にはマツダと業務ならびに相互に株を持ち合う資本提携を交わした。海外とのネットワークづくりも進んでおり，独BMWとは燃料電池自動車（FCV）で業務提携を交わし，PSAプジョー・シトロエンとは，チェコで合弁会社を設立している。仏ルノーの傘下にある日産は，2016年に燃費データ不正問題で窮地に立った三菱自動車と資本業務提携を行い，日産自動車・三菱自動車・仏ルノー3社連合はグローバルな自動車業界において新たな勢力となった。また，ホンダも，2018年10月，自動運転技術で提携するとして，GM子会社GMクルーズホールディングスへの出資を決定した。

次々と提携が進む背景には，環境技術とIT技術という，前例のない大変革に対する危機感がある。これからのライバルは，アップルやグーグルなど

の巨大IT企業や電機メーカーになる。2016年3月，トヨタ，日産，ホンダなど，自動車大手6社は高精度の3次元地図など自動車の自動運転に必要な分野において共同研究を進めることで合意した。また，業界内では独自路線を貫いてきたホンダは，ライバルであるIT企業たちとの協調も進めている。2016年に，ソフトバンクとAI技術について，米グーグルの子会社ウェイモとは自動運転について，共同研究を開始した。トヨタも2018年10月，ソフトバンクと自動運転を基軸とした移動サービス新会社の設立などを含む提携を発表した。

●自動運転から「コネクテッドカー」へ

　自動運転では，米国自動車技術会 (SAE)によって，5段階のレベルが定められている。自動ブレーキやレーンキープアシストなどの「運転支援（レベル1）」は，すでにいくつかの車種に搭載されてきた。交通量や見晴らしなど一定の条件下ですべての運転を自動化する「条件付自動運転（レベル3）」は，2017年7月にアウディが発表した「A8」に，世界で初めて搭載された。ホンダはレベル3機能を搭載した乗用車を，2021年3月に新型LEGENDを販売すした。高速道路など一定の条件のもとですべての操作をシステムに任せるレベル3の実用化は世界初となる。

　自動運転の機能の実現には，カメラやGPSを使って周囲の状況を確認したり，入手した膨大なデータを適切に分析・判断する必要があるため，IT技術が不可欠となる。そこで，自動車，IT，半導体などの企業間で，従来はなかった形での提携が活発になっている。とくに近年は，多数のセンサーを搭載して，常時ネットワークに接続する「コネクテッドカー（つながる車）」に注目が集まっている。車をIT化することで，自動運転などの安全性を向上させるだけでなく，さまざまな情報をやりとりできるため，カーシェアリングや渋滞緩和など，都市や生活の快適性向上に働きかけることが可能になる。トヨタや日産，GM，VWなど自動車大手は，コネクテッドカーを使った新サービスに向けて，子会社設立やIT企業への出資を始めている。日産は2016年9月，ルノーと共同でソフトウェア会社の仏シルフェオを買収した。また，ホンダも2017年11月にソフトバンクと5G通信技術を使ったコネクテッドカーの共同研究を始めると発表。トヨタは，KDDIやNTTドコモと第5世代 (5G) 通信技術でのコネクテッドカー研究を進めており，さらに2018年にはソフトバンクとも提携している。

❖ 自動車部品メーカーの動向

　自動車1台に使われる部品は，エンジンや車体のほか，ランプやブレーキ，シート，各種ケーブルや電線などがあり，素材も鋼板，アルミ，ガラス，ゴム，プラスチック，繊維とさまざまで，その数は約3万点といわれている。近年の技術革新によって，その数は増える一方で，部品を製造・供給してくれる部品メーカーがいなければ，自動車産業は成り立たない構図となっている。

　自動車メーカーから部品メーカーへの発注では，これまでは車種ごとに専用部品を開発，発注してきたが，近年は「ドア」「エンジン」などの要素（ユニット）ごとに製造して組み立てたもの（アッセンブリー）を納品する「モジュール化」が進んでいる。自動車メーカーが部品メーカーに対し，従来に比べて大きな部品単位で開発や組み立てのアウトソーシングを行い，場合によっては，複数部品間の調整までも部品メーカーに任されることになるため，モジュール化によって，自動車メーカー側は短期間・低コストでの発注ができ，部品メーカーは企画提案から参入して大量受注が可能になった。

　さらに，これまでの部品メーカーは，トヨタ，日産，ホンダなど主要企業の系列で構成されていたが，世界的な自動車業界の再編を受け，国や系列を超えて競争が激化している。事実，2015年にトヨタの「カローラ」新型車に搭載された衝突回避支援システムは，系列のデンソーではなく，独の大手部品メーカー・コンチネンタルの技術が採用されている。エコカーや自動運転技術の進化で，必要な技術は劇的に変化しており，IT企業など異業種からの参入も増えている。こういった事情により，部品メーカーには，より確かな技術力と競争力が求められるようになってきた。

●競争激化により進む再編・提携

　EVや自動運転など新技術の開発競争が激化しているなか，自動車部品業界内でも，再編，提携の動きが活発になっている。海外では，大手の独ボッシュが2017年3月，車載用AIコンピュータで米NVIDIAと，5月には自動運転用カメラの開発でソニーセミコンダクターソリューションズと提携した。コンチネンタルは，2017年6月に自動運転での新製品・サービスの提供に向けて中国の百度と提携している。国内では，2016年11月，日産が系列最大の自動車部品メーカー，カルソニックカンセイを米投資ファンドに

売却した。また，そのカルソニックカンセイは，2018年10月，フィアット・クライスラー・オートモービルズ（FCA）傘下のマニエッティ・マレリの買収を発表。マニエッティ・マレリはIT部門が強く，カルソニックカンセイはこの買収で自動運転システムなどに力を入れると見られる。トヨタは2014年，グループ内の事業再編を行った。デンソーとアイシン精機のブレーキ事業を統合し，ディーゼルエンジンは豊田自動織機に集約した。重複する事業を統合して専門家集団をつくり，開発スピードを上げるねらいがある。また，デンソーも2017年4月，スズキ，東芝とリチウムイオン電池パックの共同出資会社をインドに設立。2017年11月には，自動運転技術の開発強化のため，富士通テンを子会社化するなど，独自の展開を始めている。

●新技術「CASE」が救いとなるか

　新型コロナウイルス感染拡大に伴い，国内部品会社は手元資金の確保を優先し，能力増強の設備投資を先送りしている。その一方で自動運転や電動化といった「CESA（つながる車，自動運転，シェアリング，電動化）」領域向けの研究開発費は維持する方針だ。

　トヨタ自動車グループは2019年4月にデンソーやアイシン精機，ジェイテクトなどグループの部品メーカー4社で自動運転の制御技術を開発する新会社を設立。ホンダは同年10月に系列の部品メーカー3社を日立製作所傘下の日立オートモティブシステムズと統合させると発表した。今後も生き残りをかけた業界再編の動きが加速していくと思われる。

自動車業界

直近の業界各社の関連ニュースを
ななめ読みしておこう。

岸田首相「車業界の賃上げ高く評価」 トヨタ会長らに

岸田文雄首相は26日、都内で開催中の国内最大の自動車展示会「ジャパンモビリティショー2023」を視察した。自動車業界について「これまでの賃上げや取引適正化、国内投資への積極的な取り組みを高く評価している」と述べた。「大きな流れを後戻りさせず来年につないでいく。最優先の課題として全力を尽くしていきたい」と強調した。

首相は視察後、経済界と関連産業について話し合う「モビリティに関する懇談会」に2022年11月に続き出席した。自動車工業会の豊田章男会長（トヨタ自動車会長）や経団連の十倉雅和会長らが参加した。西村康稔経済産業相ら関係閣僚が同席した。

首相は投資環境の整備や中堅・中小企業の支援、独占禁止法に関する課題への対応などについて要望を受けた。「日本の最重要課題だ。官民協力のもと、全力で取り組んでいきたい」と表明した。

ジャパンモビリティショーは日本自動車工業会（自工会）が東京ビッグサイト（東京・江東）で開催している。

（2023年10月26日　日本経済新聞）

5G特許、車メーカーと「年内にも合意」 米アバンシCEO

高速通信規格「5G」の特許料交渉をまとめて担う米アバンシは14日、コネクテッドカー（つながる車）での利用を目指している自動車メーカーと2023年内にも合意するとの見通しを示した。1世代前の4Gでの自動車メーカーの特許料負担は1社あたり最大数十億〜300億円。特許数が多い5Gではメーカーの負担が増える可能性がある。

アバンシ創業者で最高経営責任者（CEO）のカシム・アルファラヒ氏が同日、日本経済新聞などの取材に応じた。アバンシは通信会社などが持つ特許の利用許可の交渉をまとめて担う。利用許可を得るプロセスの簡易化を目指し16年に設立した。多数の特許を一括してメーカー側に提供し、見返りに使用料（ライセンス料）を徴収する。

5Gの交渉についてアルファラヒCEOは「4Gの交渉をしながら進めてきた」と指摘。自動車メーカーはソフトを頻繁に更新して車両価値を高める「ソフトウエア・デファインド・ビークル（SDV）」の開発に力を入れ、無線通信はソフト更新に必須の技術となる。通信関連の業界団体GSMAは、5Gの接続数が25年末までに20億に達すると予想する。5Gを利用したつながる車の普及をにらみ妥結を急ぐ考えだ。

5Gには自動車での利用に適した仕様を盛り込んである。例えば通信の遅延時間が4Gの数十分の1となる1ミリ秒と短いことだ。自動車は高速移動するため衝突回避などには遅延時間が短いことが欠かせない。自動車メーカーの技術系幹部は「自動運転に5Gは欠かせなくなる」と話す。

4Gの交渉ではトヨタ自動車や日産自動車、ホンダなどの日本企業と1台あたり15〜20ドルで22年に合意した。世界では80超の自動車ブランドと合意している。アルファラヒCEOは特許料について「5Gの特許数は4Gより多い」と話し、上げる方向で交渉しているとみられる。国内通信会社幹部は「4Gより下がる理由はない」と話す。

アバンシは5Gの参加企業を明らかにしていない。4Gではフィンランドのノキアやスウェーデンのエリクソン、米クアルコムなどの海外企業や、パナソニックホールディングスやソニーグループなど日本企業が参加していた。アバンシは4Gの標準必須特許のうち8割以上をカバーしている。

日本メーカーでは4Gの交渉で「アバンシ側の言い値での契約を余儀なくされた」との見方がある。4Gの特許料交渉では独BMWや米ゼネラル・モーターズ（GM）などの欧米メーカーがアバンシと契約をしたあと、日本勢はそれに追随する形だった。国内自動車メーカー幹部は「次はしっかりと価格交渉も考えないといけない」と話す。

日本の自動車業界では取引先の部品メーカーに特許の権利処理を任せる慣行だった。自動車メーカーの立場が強かったため成り立ってきた。ただ、つながる車や電気自動車（EV）など次世代技術では、異業種の情報技術（IT）企業などが強みを持つ。こうした企業は単価の高い自動車メーカーを相手にしたほうが効率的に特許の使用料を得られるとの思惑もあり、自動車業界は従来の取引

慣行の見直しを迫られている。

（2023年7月14日　日本経済新聞）

合成燃料、ホンダ・ポルシェが先行　生産コストなど課題

欧州連合（EU）は温暖化ガス排出をゼロとみなす合成燃料の利用に限り、2035年以降もエンジン車の新車販売を容認した。合成燃料は電動化が難しい航空機・船舶向けが本命で、自動車業界では航空関連事業も手がけるホンダと独ポルシェが先行する。生産コストの高さなど課題も多いが、EUの新方針により車での需要拡大を見込んだ開発競争が加速しそうだ。

合成燃料は再生可能エネルギーから生み出すグリーン水素と、工場などで回収・貯蓄した二酸化炭素（CO_2）からつくる。現在のエンジン車やガソリンスタンドでそのまま使えるのが利点だ。精製すれば航空機のジェット燃料や船舶向け燃料にも使うことができる。

自動車メーカーではポルシェが先手を打つ。独シーメンス・エナジーと組んで22年12月、チリ南部に合成燃料の工場を稼働した。独政府の補助を受け、25年までに年5500万リットル、27年からは同5億5000万リットルを生産する。

ホンダは長距離や高速走行で高出力が求められる自動車レース向けに合成燃料の活用を検討している。小型ジェット機「ホンダジェット」の機体やエンジンを手掛けていることを生かし、合成燃料の実用化に向けて必要な触媒の研究開発などをしている。トヨタ自動車も耐久レースに合成燃料を使用したスポーツ車を投入した。

EUの新方針について、日本の自動車業界からは歓迎の声があがる。いすゞ自動車の次期社長である南真介取締役専務執行役員は29日、「これまでの内燃機関技術を生かせる」とコメントした。日産自動車幹部も「航空業界などで先行して広がればコストが下がり、自動車向けにも普及する」と期待を寄せる。

電気自動車（EV）への移行で失う恐れのあった雇用や工場維持への期待も大きい。エンジン部品を手掛けるリケンの幹部は「合成燃料を使った内燃機関車向けで部品需要が生まれる」と話す。

合成燃料の最大の課題は割高な生産コストだ。ポルシェは21年時点でプラント稼働当初の生産コストを1リットル10ドル（約1300円）と想定。本格的に量産しても2ドルとみる。日本の経済産業省の試算では国内製造で約700円。

ガソリンの販売価格よりもはるかに高い。

再生エネ由来の電力を使ってEVを走らせる場合と比べ、合成燃料使用車はエネルギー効率が悪くなる技術的な課題もある。同じ量の再生エネを使った場合、航続距離はEVの方が5倍長いとされる。水の電気分解時や合成時、エンジンでの燃焼時などにエネルギー損失が生まれるからだ。

合成燃料はガソリンやディーゼルと同じ成分のため、エンジンで燃やせば窒素酸化物（NOx）などが発生する。自動車からの排ガスは完全にクリーンになるわけではなく、浄化装置も不可欠となる。「合成燃料は新車のためというよりも、すでにある車の脱炭素の方法として活用すべきだ」（メルセデス・ベンツグループのオラ・ケレニウス社長）との声もある。

自動車向けには課題が山積しているが、もともと合成燃料は電動化が難しい航空機や船舶中心に利用されるとの見方が大勢だった。調査会社LMCオートモーティブの試算では、合成燃料の生産量は26年までに20億ガロン（約76億リットル）、28年までに50億ガロンに拡大する。それでも航空業界の総需要（約900億ガロン）の5.5％に過ぎず、車向けの供給量は限られる可能性が高い。

需要増を見越し、日本の石油元売りも動いている。ENEOSホールディングスは研究拠点の中央技術研究所（横浜市）で日産1バレル（約159リットル）の小規模プラントの建設に乗り出した。28年度までに同300バレルの中規模プラントを建設し、40年ごろまでの商用化を目指す。出光興産は30年までに北海道製油所（北海道苫小牧市）で合成燃料の製造を始める計画だ。

EUの新方針でも全体としてEV移行を進めることは堅持された。自動車業界はEVシフトに取り組みながら、合成燃料への対応で既存のサプライチェーンをいかに活用していくかが問われることになる。

（2023年3月29日　日本経済新聞）

自動車総連、中小40組合でベア獲得　獲得額は前年の4倍

自動車業界の労働組合でつくる自動車総連（東京・港）は21日、2023年の春季労使交渉について、組合員が300人未満の中小企業42組合のうち、95.2％にあたる40組合が基本給のベースアップ（ベア）を獲得したと発表した。同時期の前年実績（60％強）を大きく上回った。獲得額の平均も前年の同時期比4倍強の4379円だった。

21日までに会社から回答を受け取った42組合のうち、6組合がベアの要求額

に対して満額回答だった。42組合の平均のベア率は1.7%という。金子晃浩会長は同日の記者会見で「先行して回答のあった労組の良い流れが、中堅中小の取り組みに影響している。この流れを非正規などにも広げていかないといけない」と語った。

大企業も含めると、回答のあった163組合のうち98.8%にあたる161組合がベアを獲得した。50組合が満額回答を得た。ベアを獲得した労組の割合は同時期の70%強を上回り、獲得額の平均は5倍強の月5274円だった。

自動車総連の加盟組合は1000組合を超え、約900組合で交渉が続いている。ホンダグループの販売会社や部品会社などの労働組合でつくる全国本田労働組合連合会（全本田労連）は、同日までに加盟する計44労組の平均で前年比6.3倍の月約6000円のベアを獲得したと明らかにした。ベア率は2.2%だった。

（2023年3月21日　日本経済新聞）

超小型EV、中国スタートアップが開発　都市部の若者向け

超小型の電気自動車（EV）を開発する中国スタートアップ企業の「坐騎科技」が、エンジェルラウンドで数千万元（数億〜十数億円）を調達した。出資したのは海貝資本（Seashell Capital）、元航資本（Essential Capital）など。

2018年に設立された坐騎科技は超小型EVを手がけ、車体を自動的に傾斜させる「VATC（Vehicle Active Tilting Control）」などの技術やシャシー（車台）のトータルソリューションを展開する。創業者の王亜氏は北京理工大学で博士課程を専攻し、自動運転関連のソリューションを提供する中国企業の智行者科技（Idriverplus Technology）で自動運転車の制御アルゴリズムに従事した。

自動車業界がガソリン車からEVへ移行する過程で、電動バイクにも成長機会がもたらされている。坐騎科技が開発するのは一般に広く流通する電動バイクとは異なり、自動車のように筐体で囲われた狭小ボディーの超小型EVで、バイクと自動車の中間のような形態だ。

王氏によると、中国では毎年2000万台ほどのバイクが売れる。しかし、バイク移動には風や日光にさらされるという問題もつきまとう。高齢者用電動カートならこうした問題も回避できるが、ユーザーはほとんど中高年に限定されるうえ、走行速度が遅い、車体がバイクよりかなり大きい、デザインが冴えないなど、若者を引きつける要素は少ない。

同社の車種ならばバイクの欠点をクリアできると王氏は考える。高齢者用電動カートに比べて車体も幅狭で走行速度も速く、都市在住の若者向けに設計されているからだ。

坐騎科技の超小型EVはボディー幅が0.8〜1メートルで、マイクロカーの半分ほどだ。走行速度は時速70〜110キロで、航続距離は150キロ。車内にはステアリング、IoV（車載インターネット）、エアコンなどを備える。過去にトヨタ自動車もこれに似たパーソナルモビリティ「TOYOTA i-ROAD」をリリースしている。

また、シャシーには車体を傾斜させるVATC技術が採用されている。車が曲がるときにカーブの内側に向かって車体が傾斜し、重心を分散させることで遠心力を打ち消し、横転を防ぐようになっている。このため、筐体に覆われた車体でありながら、バイク並みのサイズとコーナリング能力を兼ね備えるのだ。

同社初の超小型EV「Z6」はすでに試作を終え、年末にも正式発表される予定だ。最初の製品を発売した後は、5年以内に3車種の発売を目指している。

（2023年3月9日　日本経済新聞）

普通車販売、「23年は300万台に」　自販連会長が見通し

自動車販売会社の業界団体、日本自動車販売協会連合会（自販連）の金子直幹会長（福岡トヨタ自動車社長）は27日に東京都内で開いた記者会見で、2023年の普通車（排気量660cc超、軽自動車は除く）の新車販売見通しについて「300万台が目安」と話した。

半導体不足は続くものの、23年1月の新車販売が前年同月比で1割増えるなどし、「変化の兆しが見える」（金子会長）と指摘した。新型コロナウイルス感染拡大前の19年の新車販売の328万台に近づく。

22年も同年2月時点では300万台程度と見込んでいた。ただ車載半導体不足の長期化に加えて中国のロックダウン（都市封鎖）によるサプライチェーン（供給網）の混乱もあり、新車販売は256万台にとどまった。20年以降3年連続で300万台を下回った。

自動車業界では23年後半から半導体不足が解消していくという見方が広がっている。金子会長は「受注残が大量にたまっており、（新規の）受注も好調だ」と指摘し、生産の回復を「大変期待している」と話した。

温暖化ガス排出を実質ゼロにするカーボンニュートラルについても触れ、自販

連として３月末までに業界の行動指針をまとめる考えを明らかにした。温暖化ガスの削減計画だけでなく、消費者に対しても環境負荷の低い車の乗り方などを紹介するという。

（2023年２月27日　日本経済新聞）

自動車総連、5年連続ベア統一要求せず　物価対応は明記

自動車業界の労働組合が加盟する自動車総連は12日、2023年春季労使交渉で基本給を底上げするベースアップ（ベア）の統一金額要求を掲げない方針を決めた。統一額を掲げないのは5年連続。一方で、物価高に対応した賃金水準を求めることは要求に明記した。金子晃浩会長は「ここ数年とは明らかに異なる取り組みとしてもらいたい」と呼びかけた。

熊本市で中央委員会を開き正式決定した。月例賃金の要求では「物価上昇から生活を守り、実質賃金の低下から労働の価値を守る」という文章を盛り込んだ。中央委前に開いた記者会見で金子会長は「この言葉が持つ意味について、具体的にいくらなのかということを各労組で議論してもらいたい」と話した。

自動車総連は19年にベアの統一要求の金額を設けず、賃金の絶対額を重視する取り組みにシフトした。賃金の底上げを図り企業間の格差を是正することを目指しており、「このベースは今年も継続する」（金子氏）とした。

23年の春季労使交渉をめぐっては、物価高への対応を企業側に求める動きが広がっている。労働組合の中央組織である連合はベア3％、定期昇給（定昇）で2％と計5％程度の賃上げ要求を決めた。電機各社の労働組合で構成する電機連合はベアの統一要求額を月額7000円以上とする方針を固めた。

自動車総連は労使協定で定める企業内最低賃金について、18歳で前年要求から5000円引き上げ17万3000円以上を要求する方針も決めた。少なくとも直近10年で最大の上げ幅という。地域別最低賃金が上昇していることや、人材確保の観点から底上げを進める。

また、原材料やエネルギー価格の上昇に伴い、賃上げの原資が確保できるように完成車メーカーと部品会社などの企業間で価格転嫁の交渉がしやすい風土づくりを進めることも促していく。

（2023年１月12日　日本経済新聞）

▶労働環境

職種：管理関連職　　年齢・性別：30代前半・男性

- グローバル企業のイメージですが，実際は典型的な日本企業です。
- 上司と部下の関係，職場と家庭の関係がいまだに強固な会社です。
- 家族が参加できる職場のイベントが多く開催されます。
- 年1回はグループ会社が一堂に会する大イベントが開催されます。

職種：商品企画　　年齢・性別：20代後半・女性

- 毎週ノー残業デーが決められていて，メリハリのある生活が送れます。
- 最大3年間の育児休暇が取れ，女性も非常に働きやすいです。
- 夫の転勤が理由で退職する場合など，再就職への扉も開かれていて，優秀な人材の確保をしっかり行っていると感じます。

職種：システム開発（制御系）関連職　　年齢・性別：20代後半・男性

- 労働組合がしっかりしているので有休が取りやすい環境です。
- 毎日残業しないといけないという風土はありません。
- 働ける時に働いて，予定がある時はフレックスを使って帰ることも。
- 家庭内のイベントがある時に帰れなかったということはありません。

職種：経理　　年齢・性別：20代後半・男性

- 基本的に1年間の残業時間は360時間までに制限されます。
- ただし，課長級以上の管理職は残業規制の対象にはなりません。
- グループ異動，部署異動，海外異動は毎年のようにあります。
- 最長4年程度しか同部署にいないため，人間関係はライトです。

▶福利厚生

職種：研究開発　　年齢・性別：20代後半・男性

・大企業なだけあり充実していますが，住宅手当はそれほどでも。
・通勤手当は実費で出るので，遠距離通勤もその気になれば可能です。
・互助会を上手に利用すれば，保険にとてもお得に入れます。
・保養所も充実しているので，皆よく使っています。

職種：管理関連職　　年齢・性別：30代前半・男性

・住宅購入の目的があれば，社内預金の利率が優遇されます。
・住宅ローンも特別に優遇されるプログラムが準備されています。
・関連企業の物件だと，更に住宅ローンが優遇される場合も。
・企業年金も充実しているので，十分な老後資金が準備できます。

職種：制御設計（電気・電子）　　年齢・性別：20代後半・男性

・福利厚生は年間一定額を自由に利用できるカフェテリアプランです。
・社宅や寮もあり，各種保険の団体割引も充実しています。
・社内運動会といったレクリエーションもあり，誰でも参加できます。
　就業時間後に希望すれば社屋内で語学などが学べます。

職種：購買・資財　　年齢・性別：30代前半・男性

・会社直営の保養所や会員制保養所があり，格安で利用できます。
・保養所には家族や親戚，友人も一緒に宿泊できるのがメリット。
・カフェテリアプランのポイントが全社員に毎年付与されます。
・長年ポイントを貯め続けて，海外旅行などに使う人もいます。

▶仕事のやりがい

職種：法人営業　　年齢・性別：20代後半・男性

・仕事内容の世間への影響力の大きさがやりがいといえます。
・プロジェクトは中小企業では到底できない規模と人数で行います。
・大規模なプロジェクトの管理など，大変ながらも面白く感じます。
・走行テストは，未知の領域に踏み込んでいく感じがたまらないです。

職種：物流，購買，資材調達　　年齢・性別：20代後半・男性

・グローバルに働けるという点は，非常にやりがいを感じます。
・自分の仕事が国の政策を動かすこともあり，仕事の大きさを実感。
・しかしやはり超大企業のため，歯車感は半端なくありますが。
・希にすごく優秀でモチベーションの高い人と働けるのは魅力です。

職種：営業アシスタント　　年齢・性別：20代後半・男性

・ニュース等で業績が掲載されると，自分の仕事の大きさを感じます。
・若手であっても海外出張のチャンスに多く恵まれ，非常に刺激的。
・常に仕事に対して志を高く持っていることが求められます。
・指導環境は充実していますが，自己努力は相当必要だと思います。

職種：研究開発　　年齢・性別：20代後半・男性

・自分がやりたい事を自由にやらせてくれる会社です。
・理由と目的を明確にし，リーダーシップを求められます。
・先輩が仕事を1から教えてくれるような教育体制はありません。
・若いうちから積極的に業務に携わり仕事を覚えることが重要です。

▶ ブラック？ホワイト？

職種：海外営業　　年齢・性別：30代前半・男性

- 海外営業マーケティングといっても，地域は北米欧州を除いた海外。
- 業務の現地化・現地人化が進んでおり，海外赴任はほぼ望めません。
- 40代半ば〜50歳で出向や転籍を迎える管理職がほとんどです。
- 役員にならない限り，定年まで働ける会社ではないのが実状です。

職種：経営企画　　年齢・性別：20代後半・男性

- 社風は総合商社っぽい感じがします。
- ガツガツした人が多く，高圧的な人も散見します。
- 体育会系の雰囲気が苦手な人には厳しいかもしれません。
- 巷で「●●の社員は評判が悪い」と聞くこともしばしば。

職種：法人営業　　年齢・性別：30代後半・男性

- 体育会系が多く，イケイケの人間にとっては働きやすい環境です。
- 管理職の人間が皆優秀というわけではありません。
- 要領の良い人間が引き立てられることもあります。
- 大企業ゆえに安定性に関しては問題ありません。

職種：研究開発　　年齢・性別：40代前半・男性

- 部署によりますが，設計系はサービス残業が横行しています。
- 管理されているはずなのに，なぜか深夜までの勤務が続く部署も。
- 実験系は現場が関わるため，比較的管理されています。
- 基本は20時に帰宅を促され，フロアの電気を消されてしまいます。

▶女性の働きやすさ

職種：商品企画　　年齢・性別：30代後半・男性

・現在では会社一丸となって，ダイバーシティに取り組んでいます。
・実際に他社よりも女性は働き易いのではないでしょうか。
・育児休暇後の復職は普通のことですし，女性管理職も増えています。
・「女性が働きやすい」が入社理由の女性従業員も増えています。

職種：法人営業　　年齢・性別　30代後半・男性

・育児休暇は1年取得でき，評価もきちんとしてくれます。
・旧態依然としたところがあり，女性が出世するのはまだ難しいです。
・セクハラやパワーハラスメントには大変厳しく取り組んでいます。
・匿名による社内通報制度や，相談所があるのは良いと思います。

職種：保健師　　年齢・性別：20代後半・女性

・育児休暇は最長2年まで取得できます。
・子どもが小学校4年生までは，短時間勤務も選択できます。
・お飾りの制度ではなく，希望する人が申請・取得できています。
・年休は1年に20日付与され，ほぼ100％消化できます。

職種：一般事務　　年齢・性別：20代後半・女性

・出産や結婚に対して仕事が全く支障になりません。
・産休も取りやすく，職場の理解もあるため復帰もしやすいです。
・女性役員が少ないため，女性社員を育てようという雰囲気です。
・給与，福利厚生，社風どれをとっても働きやすい環境だと思います。

▶今後の展望

職種：経営企画　　年齢・性別：30代前半・男性

・国内企業にライバルはなく，強いて言えば外国企業で1社あります。
・弊社の技術がなければ，自動車業界の今後の発展は覚束ないかと。
・某IT企業が自動運転技術に先行と言われますが，量産化には品質管理など，業界特有の参入障壁が立ち塞がるので脅威ではないです。

職種：技能工（加工・溶接）　　年齢・性別：20代後半・男性

・既存の車種を次々モデルチェンジしたり，新規投入を早めたり，開発，製造を前倒しにする傾向があり，現場は大混乱することも。この体制が昨今のリコールや不具合に繋がっていると考えられます。
・不具合が多発すると顧客が他社へ乗り換えるかもと不安になります。

職種：評価・テスト（機械）　　年齢・性別：30代後半・男性

・研修は入社年数に応じて個人別のものと社員一律のものがあります。
・マナー教育や一般常識など幅広い社員教育が織り込まれています。
・今後外資系企業との連携が増えていく上で英会話力は必須です。
・TOEICの点数アップが今後重点的に求められることになるでしょう。

職種：海外営業　　年齢・性別：30代前半・男性

・ダイバーシティ推進のため，女性管理職の目標比率を定めています。
・男女で実力が同じであれば，女性の方が昇進のチャンスがあります。
・外国人で女性の場合，更に管理職を目指しやすくなっています。
・日本人男性が管理職を目指すのは，今後かなり難しくなるようです。

自動車業界　国内企業リスト（一部抜粋）

会社名	本社住所
トヨタ紡織株式会社	愛知県刈谷市豊田町 1 丁目 1 番地
鬼怒川ゴム工業株式会社	千葉県千葉市稲毛区長沼町 330 番地
ユニプレス株式会社	神奈川県横浜市港北区新横浜 1-19-20
株式会社豊田自動織機	愛知県刈谷市豊田町 2 丁目 1 番地
株式会社モリタホールディングス	大阪市中央区道修町 3 丁目 6 番 1 号 京阪神御堂筋ビル 12 階
三桜工業株式会社	東京都渋谷区恵比寿 1-23-23
株式会社デンソー	愛知県刈谷市昭和町 1-1
株式会社東海理化電機製作所	愛知県丹羽郡大口町豊田三丁目 260 番地
三井造船株式会社	東京都中央区築地 5 丁目 6 番 4 号
佐世保重工業株式会社	東京都中央区日本橋浜町 2-31-1（浜町センタービル 17F）
川崎重工業株式会社	東京都港区海岸一丁目 14-5
株式会社名村造船所	大阪市西区立売堀 2 丁目 1 番 9 号 日建ビル 8F
サノヤスホールディングス株式会社	大阪市北区中之島三丁目 3 番 23 号
日本車輌製造株式会社	名古屋市熱田区三本松町 1 番 1 号
ニチユ三菱フォークリフト株式会社	京都府長岡京市東神足 2-1-1
近畿車輌株式会社	東大阪市稲田上町 2 丁目 2 番 46 号
日産自動車株式会社	神奈川県横浜市西区高島一丁目 1 番 1 号
いすゞ自動車株式会社	東京都品川区南大井 6-26-1 大森ベルポート A 館
トヨタ自動車株式会社	愛知県豊田市トヨタ町 1 番地
日野自動車株式会社	東京都日野市日野台 3 丁目 1 番地 1
三菱自動車工業株式会社	東京都港区芝五丁目 33 番 8 号

会社名	本社住所
株式会社エフテック	埼玉県久喜市菖蒲町昭和沼 19 番地
GMB 株式会社	奈良県磯城郡川西町大字吐田 150 番地 3
武蔵精密工業株式会社	愛知県豊橋市植田町字大膳 39-5
日産車体株式会社	神奈川県平塚市天沼 10 番 1 号
新明和工業株式会社	兵庫県宝塚市新明和町 1-1
極東開発工業株式会社	兵庫県西宮市甲子園口 6 丁目 1-45
日信工業株式会社	長野県上田市国分 840
トピー工業株式会社	東京都品川区大崎 1-2-2 アートヴィレッジ大崎セントラルタワー
株式会社ティラド	東京都渋谷区代々木 3 丁目 25 番 3 号
曙ブレーキ工業株式会社	埼玉県羽生市東 5 丁目 4 番地 71 号
株式会社タチエス	東京都昭島市松原町 3 丁目 3 番 7 号
ＮＯＫ株式会社	東京都港区芝大門 1 丁目 12 番 15 号
フタバ産業株式会社	愛知県岡崎市橋目町字御茶屋 1 番地
カヤバ工業株式会社 （KYB 株式会社）	東京都港区浜松町二丁目 4 番 1 号 世界貿易センタービル
シロキ工業株式会社	愛知県豊川市千両町下野市場 35-1
大同メタル工業株式会社	愛知県名古屋市中区栄二丁目 3 番 1 号 名古屋広小路ビルヂング 13 階
プレス工業株式会社	神奈川県川崎市川崎区塩浜 1 丁目 1 番 1 号
カルソニックカンセイ株式会社	埼玉県さいたま市北区日進町二丁目 1917 番地
太平洋工業株式会社	岐阜県大垣市久徳町 100 番地
株式会社ケーヒン	東京都新宿区西新宿一丁目 26 番 2 号 新宿野村ビル 39F
河西工業株式会社	神奈川県高座郡寒川町宮山 3316
アイシン精機株式会社	愛知県刈谷市朝日町 2 丁目 1 番地

会社名	本社住所
富士機工株式会社	静岡県湖西市鷲津 3131 番地
マツダ株式会社	広島県安芸郡府中町新地 3 番 1 号
ダイハツ工業株式会社	大阪府池田市ダイハツ町 1 番 1 号
株式会社今仙電機製作所	愛知県犬山市字柿畑 1 番地
本田技研工業株式会社	東京都港区南青山 2-1-1
スズキ株式会社	静岡県浜松市南区高塚町 300
富士重工業株式会社	東京都新宿区西新宿一丁目 7 番 2 号
ヤマハ発動機株式会社	静岡県磐田市新貝 2500
株式会社ショーワ	埼玉県行田市藤原町一丁目 14 番地 1
株式会社ＴＢＫ	東京都町田市南成瀬 4-21-1
株式会社エクセディ	大阪府寝屋川市木田元宮 1 丁目 1 番 1 号
豊田合成株式会社	愛知県清須市春日長畑 1 番地
愛三工業株式会社	愛知県大府市共和町一丁目 1 番地の 1
株式会社ヨロズ	神奈川県横浜市港北区樽町 3-7-60
株式会社エフ・シー・シー	静岡県浜松市北区細江町中川 7000 番地の 36
株式会社シマノ	大阪府堺市堺区老松町 3 丁 77 番地
タカタ株式会社	東京都港区赤坂 2 丁目 12 番 31 号
テイ・エス テック株式会社	埼玉県朝霞市栄町 3 丁目 7 番 27 号

第**3**章

就職活動のはじめかた

入りたい会社は決まった。しかし「就職活動とはそもそも何をしていいのかわからない」「どんな流れで進むかわからない」という声は意外と多い。ここでは就職活動の一般的な流れや内容，対策について解説していく。

▶就職活動のスケジュール

3月	4月	6月

就職活動スタート

2025年卒の就活スケジュールは,経団連と政府を中心に議論され,2024年卒の採用選考スケジュールから概ね変更なしとされている。

エントリー受付・提出

OB・OG訪問

企業の説明会には積極的に参加しよう。自の企業研究だけでは見えてこなかったたな情報を得る機会であるとともに,モベーションアップにもつながる。また,訪会に参加した者だけに配布する資料なとある。

合同企業説明会   個別企業説明会

筆記試験・面接試験等始まる(3月～)

内々定(大手企業

2月末までにやっておきたいこと

就職活動が本格化する前に,以下のことに取り組んでおこう。
◎自己分析 ◎インターンシップ ◎筆記試験対策
◎業界研究・企業研究 ◎学内就職ガイダンス

自分が本当にやりたいことはなにか,自分の能力を最大限に活かせる会社はどこか。自己分析と企業研究を重ね,それを文章などにして明確にしておき,面接時に最大限に活用できるようにしておこう。

※このスケジュール表は一般的なものです。本年(2019年度)の採用スケジュール表ではありませんので，ご注意ください。

| 月 | 8月 | 10月 |

中小企業採用本格化

中小企業の採用が本格化するのは大手企業より少し遅いこの時期から。HPなどで採用情報をつかむとともに，企業研究も怠らないようにしよう。

内定者の数が採用予定数に満たない企業，1年を通して採用を継続している企業，夏休み以降に採用活動を実施企業（後期採用）は採用活動を継続して行っている。大企業でも後期採用を行っていることもあるので，企業から内定が出ても，納得がいかなければ継続して就職活動を行うこともある。

内々定とは10月1日以前に通知（電話等）されるもの。内定に関しては現在協定があり，10月1日以降に文書等にて通知される。

内々定（中小企業）

内定式（10月〜）

どんな人物が求められる？

多くの企業は，常識やコミュニケーション能力があり，社会のできごとに高い関心を持っている人物を求めている。これは「会社の一員として将来の企業発展に寄与してくれるか」という視点に基づく，もっとも普遍的な選考基準だ。もちろん，「自社の志望を真剣に考えているか」「自社の製品，サービスにどれだけの関心を向けているか」という熱意の部分も重要な要素になる。

就活ロールプレイ！

STEP 1　就職活動のスタート

内定までの道のりは，大きく分けると以下のようになる。

自 己 分 析

企 業 研 究

エントリーシート・筆記試験・面接

内　定

01　まず自己分析からスタート

　就職活動とは，「企業に自分をPRすること」。自分自身の興味，価値観に加えて，強み・能力という要素が加わって，初めて企業側に「自分が働いたら，こういうポイントで貢献できる」と自分自身を売り込むことができるようになる。

■自分の来た道を振り返る

　自己分析をするための第一歩は，「振り返ってみる」こと。

　小学校，中学校など自分のいた"場"ごとに何をしたか（部活動など），何を学んだか，交友関係はどうだったか，興味のあったこと，覚えている印象的なことを書き出してみよう。

■テストを受けてみる

　"自分では気がついていない能力"を客観的に検査してもらうことで，自分に向いている職種が見えてくる。下記の5種類が代表的なものだ。

①職業適性検査　　②知能検査　　③性格検査

④職業興味検査　　⑤創造性検査

■**先輩や専門家に相談してみる**

　就職活動をするうえでは，"いかに他人に自分のことをわかってもらうか"が重要なポイント。他者の視点で自分を分析してもらうことで，より客観的な視点で自己PRができるようになる。

自己分析の流れ

❏ 過去の経験を書いてみる

❏ 現在の自己イメージを明確にする…行動，考え方，好きなものなど。

❏ 他人から見た自分を明確にする

❏ 将来の自分を明確にしてみる…どのような生活をおくっていたいか。期待，夢，願望。なりたい自分はどういうものか，掘り下げて考える。→自己分析結果を，志望動機につなげていく。

01 企業の絞り込み

　志望企業の絞り込みについての考え方は大きく分けて2つある。

　第1は，同一業種の中で1次候補，2次候補……と絞り込んでいく方法。

　第2は，業種を1次，2次，3次候補と変えながら，それぞれに2社程度ずつ絞り込んでいく方法。

　第1の方法では，志望する同一業種の中で，一流企業，中堅企業，中小企業，縁故などがある歯止めの会社……というふうに絞り込んでいく。

　第2の方法では，自分が最も望んでいる業種，将来好きになれそうな業種，発展性のある業種，安定性のある業種，現在好況な業種……というふうに区別して，それぞれに適当な会社を絞り込んでいく。

02 情報の収集場所

- ・キャリアセンター
- ・新聞
- ・インターネット
- ・企業情報

『就職四季報』（東洋経済新報社刊），『日経会社情報』（日本経済新聞社刊）などの企業情報。この種の資料は本来"株式市場"についての資料だが，その時期の景気動向を含めた情報を仕入れることができる。

- ・経済雑誌

『ダイヤモンド』（ダイヤモンド社刊）や『東洋経済』（東洋経済新報社刊），『エコノミスト』（毎日新聞出版刊）など。

- ・OB・OG／社会人

①成長力

　まず"売上高"。次に資本力の問題や利益率などの比率。いくら資本金があっても，それを上回る膨大な借金を抱えていて，いくら稼いでも利払いに追われまくるようでは，成長できないし，安定できない。

　成長力を見るには自己資本率を割り出してみる。自己資本を総資本で割って100を掛けると自己資本率がパーセントで出てくる。自己資本の比率が高いほうが成長力もあり安定度も高い。

　利益率は純利益を売上高で割って100を掛ける。利益率が高ければ，企業はどんどん成長するし，社員の待遇も上昇する。利益率が低いということは，仕事がどんなに忙しくても利益にはつながらないということになる。

②技術力

　技術力は，短期的な見方と長期的な展望が必要になってくる。研究部門が適切な規模か，大学など企業外の研究部門との連絡があるか，先端技術の分野で開発を続けているかどうかなど。

③経営者と経営形態

　会社が将来，どのような発展をするか，または衰退するかは経営者の経営哲学，経営方針によるところが大きい。社長の経歴を知ることも必要。創始者の息子，孫といった親族が社長をしているのか，サラリーマン社長か，官庁などからの天下りかということも大切なチェックポイント。

④社風

　社風というのは先輩社員から後輩社員に伝えられ，教えられるもの。社風もいろいろな面から必ずチェックしよう。

⑤安定性

　企業が成長しているか，安定しているかということは車の両輪。どちらか片方の回転が遅くなっても企業はバランスを失う。安定し，しかも成長する。これが企業として最も理想とするところ。

⑥待遇

　初任給だけを考えてみても，それが手取りなのか，基本給なのか。基本給というのはボーナスから退職金，定期昇給の金額にまで響いてくる。また，待遇というのは給与ばかりではなく，福利厚生施設でも大きな差が出てくる。

■そのほかの会社比較の基準

1. ゆとり度

　休暇制度は，企業によって独自のものを設定しているところもある。「長期休暇制度」といったものなどの制定状況と，また実際に取得できているかどうかも調べたい。

2. 独身寮や住宅設備

　最近では，社宅は廃止し，住宅手当を多く出すという流れもある。寮や社宅についての福利厚生は調べておく。

3. オフィス環境

　会社に根づいた慣習や社員に対する考え方が，意外にオフィスの設備やレイアウトに表れている場合がある。

　たとえば，個人の専有スペースの広さや区切り方，パソコンなどOA機器の設置状況，上司と部下の机の配置など，会社によってずいぶん違うもの。玄関ロビーや受付の様子を観察するだけでも，会社ごとのカラーや特徴がどこかに見えてくる。

4. 勤務地

　転勤はイヤ，どうしても特定の地域で生活していきたい。そんな声に応えて，最近は流通業などを中心に，勤務地限定の雇用制度を取り入れる企業も増えている。

---

column　初任給では分からない本当の給与

　会社の給与水準には「初任給」「平均給与」「平均ボーナス」「モデル給与」など，判断材料となるいくつかのデータがある。これらのデータからその会社の給料の優劣を判断するのは非常に難しい。

　たとえば中小企業の中には，初任給が飛び抜けて高い会社がときどきある。しかしその後の昇給率は大きくないのがほとんど。

　一方，大手企業の初任給は業種間や企業間の差が小さく，ほとんど横並びと言っていい。そこで，「平均給与」や「平均ボーナス」などで将来の予測をするわけだが，これは一応の目安とはなるが，個人差があるので正確とは言えない。

■決定版「就職ノート」はこう作る

1冊にすべて書き込みたいという人には，ルーズリーフ形式のノートがお勧め。会社研究，スケジュール，時事用語，OB／OG訪問，切り抜きなどの項目を作りインデックスをつける。

カレンダー，説明会，試験などのスケジュール表を貼り，とくに会社別の説明会，面談，書類提出，試験の日程がひと目で分かる表なども作っておく。そして見開き2ページで1社を載せ，左ページに企業研究，右ページには志望理由，自己PRなどを整理する。

就職ノートの主なチェック項目

❑企業研究…資本金，業務内容，従業員数など基礎的な会社概要から，過去の採用状況，業務報告などのデータ

❑採用試験メモ…日程，条件，提出書類，採用方法，試験の傾向など

❑店舗・営業所見学メモ…流通関係，銀行などの場合は，客として訪問し，商品（値段，使用価値，ユーザーへの配慮），店員（接客態度，商品知識，熱意，親切度），店舗（ショーケース，陳列の工夫，店内の清潔さ）などの面をチェック

❑OB／OG訪問メモ…OB／OGの名前，連絡先，訪問日時，面談場所，質疑応答のポイント，印象など

❑会社訪問メモ…連絡先，人事担当者名，会社までの交通機関，最寄り駅からの地図，訪問のときに得た情報や印象，訪問にいたるまでの経過も記入

　「OB／OG訪問」は，実際は採用予備選考開始。まず，OB／OG訪問を希望したら，大学のキャリアセンター，教授などの紹介で，志望企業に勤める先輩の手がかりをつかむ。もちろん直接電話なり手紙で，自分の意向を会社側に伝えてもいい。自分の在籍大学，学部をはっきり言って，「先輩を紹介していただけないでしょうか」と依頼しよう。

参考

OB／OG訪問時の質問リスト例

●**採用について**
- ・成績と面接の比重
- ・評価のポイント
- ・採用までのプロセス（日程）
- ・筆記試験の傾向と対策
- ・面接は何回あるか
- ・コネの効力はどうか
- ・面接で質問される事項　etc.

●**仕事について**
- ・内容（入社10年，20年のOB/OG）
- ・新入社員の仕事
- ・希望職種につけるのか
- ・やりがいはどうか
- ・残業，休日出勤，出張など
- ・同業他社と比較してどうか　etc.

●**社風について**
- ・社内のムード
- ・上司や同僚との関係
- ・仕事のさせ方　etc.

●**待遇について**
- ・給与について
- ・福利厚生の状態
- ・昇進のスピード
- ・離職率について　etc.

インターンシップとは，学生向けに企業が用意している「就業体験」プログラム。ここで学生はさまざまな企業の実態をより深く知ることができ，その後の就職活動において自己分析，業界研究，職種選びなどに活かすことができる。また企業側にとっても有能な学生を発掘できるというメリットがあるため，導入する企業は増えている。

インターンシップ参加が採用につながっているケースもあるため，たくさん参加してみよう。

---

column コネを利用するのも1つの手段？

コネを活用できるのは，以下のような場合である。

・企業と大学に何らかの「連絡」がある場合

企業の新卒採用の場合，特定校・指定校が決められていることもある。企業側が過去の実績などに基づいて決めており，大学の力が大きくものをいう。

とくに理工系では，指導教授や研究室と企業との連絡が密接な場合が多く，教授の推薦が有利であることは言うまでもない。同じ大学出身の先輩とのコネも，この部類に区分できる。

・志望企業と「関係」ある人と関係がある場合

一般的に言えば，志望企業の取り引き先関係からの紹介というのが一番多い。ただし，年間億単位の実績が必要で，しかも部長・役員以上につながっていなければコネがあるとは言えない。

・志望企業と何らかの「親しい関係」がある場合

志望企業に勤務したりアルバイトをしていたことがあるという場合。インターンシップもここに分類される。職場にも馴染みがあり人間関係もできているので，就職に際してきわめて有利。

・志望会社に関係する人と「縁故」がある場合

縁故を「血縁関係」とした場合，日本企業ではこのコネはかなり有効なところもある。ただし，血縁者が同じ会社にいるというのは不都合なことも多いので，どの企業も慎重。

---

1. 受付の様子

受付事務がテキパキとしていて，分かりやすいかどうか。社員の態度が親切で誠意が伝わってくるかどうか。

こういった受付の様子からでも，その会社の社員教育の程度や，新入社員採用に対する熱意とか期待を推し測ることができる。

2. 控え室の様子

控え室が2カ所以上あって，国立大学と私立大学の訪問者とが，別々に案内されているようなことはないか。また，面談の順番を意図的に変えているようなことはないか。これはよくある例で，すでに大半は内定しているということを意味する場合が多い。

3. 社内の雰囲気

社員の話し方，その内容を耳にはさむだけでも，社風が伝わってくる。

4. 面談の様子

何時間も待たせたあげくに，きわめて事務的に，しかも投げやりな質問しかしないような採用担当者である場合，この会社は人事が適正に行われていないということだから，一考したほうがよい。

 説明会での質問項目

- 質問内容が抽象的でなく，具体性のあるものかどうか。
- 質問内容は，現在の社会・経済・政治などの情況を踏まえた，大学生らしい高度で専門性のあるものか。
- 質問をするのはいいが，「それでは，あなたの意見はどうか」と逆に聞かれたとき，自分なりの見解が述べられるものであるか。

STEP 3 提出書類を用意する

　提出する書類は6種類。①〜③が大学に申請する書類，④〜⑥が自分で書く書類だ。大学に申請する書類は一度に何枚も入手しておこう。

　①「卒業見込証明書」

　②「成績証明書」

　③「健康診断書」

　④「履歴書」

　⑤「エントリーシート」

　⑥「会社説明会アンケート」

■自分で書く書類は「自己PR」

　第1次面接に進めるか否かは「自分で書く書類」の出来にかかっている。「履歴書」と「エントリーシート」は会社説明会に行く前に準備しておくもの。「会社説明会アンケート」は説明会の際に書き，その場で提出する書類だ。

01 履歴書とエントリーシートの違い

　Webエントリーを受け付けている企業に資料請求をすると，資料と一緒に「エントリーシート」が送られてくるので，応募サイトのフォームやメールでエントリーシートを送付する。Webエントリーを行っていない企業には，ハガキやメールで資料請求をする必要があるが，「エントリーシート」は履歴書とは異なり，企業が設定した設問に対して回答するもの。すなわちこれが「1次試験」であり，これにパスをした人だけが会社説明会に呼ばれる。

02 記入の際の注意点

■字はていねいに

字を書くところから，その企業に対する"本気度"は測られている。

■誤字，脱字は厳禁

使用するのは，黒のインク。

■修正液使用は不可

■数字は算用数字

■自分の広告を作るつもりで書く

自分はこういう人間であり，何がしたいかということを簡潔に書く。メリットになることだけで良い。自分に損になるようなことを書く必要はない。

■「やる気」を示す具体的なエピソードを

「私はやる気があります」「私は根気があります」という抽象的な表現だけではNG。それを示すエピソードのようなものを書かなくては意味がない。

Point

自己紹介欄の項目はすべて「自己PR」。自分はこういう人間であることを印象づけ，それがさらに企業への「志望動機」につながっていくような書き方をする。

---

column　履歴書やエントリーシートは，共通でもいい？

「履歴書」や「エントリーシート」は企業によって書き分ける。業種はもちろん，同じ業界の企業であっても求めている人材が違うからだ。各書類は提出前にコピーを取り，さらに出した企業名を忘れずに書いておくことも大切だ。

写真	スナップ写真は不可。 スーツ着用で、胸から上の物を使用する。ポイントは「清潔感」。 氏名・大学名を裏書きしておく。
日付	郵送の場合は投函する日，持参する場合は持参日の日付を記入する。
生年月日	西暦は避ける。元号を省略せずに記入する。
氏名	戸籍上の漢字を使う。印鑑押印欄があれば忘れずに押す。
住所	フリガナ欄がカタカナであればカタカナで，平仮名であれば平仮名で記載する。
学歴	最初の行の中央部に「学□□歴」と2文字程度間隔を空けて，中学校卒業から大学（卒業・卒業見込み）まで記入する。 中途退学の場合は，理由を簡潔に記載する。留年は記入する必要はない。 職歴がなければ，最終学歴の一段下の行の右隅に，「以上」と記載する。
職歴	最終学歴の一段下の行の中央部に「職□□歴」と2文字程度間隔を空け記入する。 「株式会社」や「有限会社」など，所属部門を省略しないで記入する。 「同上」や「〃」で省略しない。 最終職歴の一段下の行の右隅に，「以上」と記載する。
資格・免許	4級以下は記載しない。学習中のものも記載して良い。 「普通自動車第一種運転免許」など，省略せずに記載する。
趣味・特技	具体的に（例：読書でもジャンルや好きな作家を）記入する。
志望理由	その企業の強みや良い所を見つけ出したうえで，「自分の得意な事」がどう活かせるかなどを考えぬいたものを記入する。
自己PR	応募企業の事業内容や職種にリンクするような，自分の経験やスキルなどを記入する。
本人希望欄	面接の連絡方法，希望職種・勤務地などを記入する。「特になし」や空白はNG。
家族構成	最初に世帯主を書き，次に配偶者，それから家族を祖父母，兄弟姉妹の順に。続柄は，本人から見た間柄。兄嫁は，義姉と書く。
健康状態	「良好」が一般的。

01 エントリーシートの目的

・応募者を，決められた採用予定者数に絞り込むこと

・面接時の資料にする

の2つ。

■知りたいのは職務遂行能力

採用担当者が学生を見る場合は,「こいつは与えられた仕事をこなせるかどうか」という目で見ている。企業に必要とされているのは仕事をする能力なのだ。

> 質問に忠実に，"自分がいかにその会社の求める人材に当てはまるか"を
> 丁寧に答えること。

02 効果的なエントリーシートの書き方

■情報を伝える書き方

課題をよく理解していることを相手に伝えるような気持ちで書く。

■文章力

大切なのは全体のバランスが取れているか。書く前に，何をどれくらいの字数で収めるか計算しておく。

「起承転結」でいえば，「起」は，文章を起こす導入部分。「承」は，起を受けて，その提起した問題に対して承認を求める部分。「転」は，自説を展開する部分。もっともオリジナリティが要求される。「結」は,最後の締めの結論部分。文章の構成・まとめる力で，総合的な能力が高いことをアピールする。

エントリーシートでよく取り上げられる題材と，その出題意図

エントリーシートで求められるものは，「自己PR」「志望動機」「将来どうなりたいか（目指すこと）」の3つに大別される。

1.「自己PR」

自己分析にしたがって作成していく。重要なのは，「なぜそうしようと思ったか？」「○○をした結果，何が変わったのか？何を得たのか？」という"連続性"が分かるかどうかがポイント。

2.「志望動機」

自己PRと一貫性を保ち，業界志望理由と企業志望理由を差別化して表現するように心がける。志望する業界の強みと弱み，志望企業の強みと弱みの把握は基本。

3.「将来の展望」

どんな社員を目指すのか，仕事へはどう臨もうと思っているか，目標は何か，などが問われる。仕事内容を事前に把握しておくだけでなく，5年後の自分，10年後の自分など，具体的な将来像を描いておくことが大切。

表現力，理解力のチェックポイント

❏文法，語法が正しいかどうか

❏論旨が論理的で一貫しているかどうか

❏1センテンスが簡潔かどうか

❏表現が統一されているかどうか（「です，ます」調か「だ，である」調か）

01 個人面接

●自由面接法

　面接官と受験者のキャラクターやその場の雰囲気，質問と応答の進行具合などによって雑談形式で自由に進められる。

●標準面接法

　自由面接法とは逆に，質問内容や評価の基準などがあらかじめ決まっている。実際には自由面接法と併用で，おおまかな質問事項や判定基準，評価ポイントを決めておき，質疑応答の内容上の制限を緩和しておくスタイルが一般的。1次面接などでは標準面接法をとり，2次以降で自由面接法をとる企業も多い。

●非指示面接法

　受験者に自由に発言してもらい，面接官は話題を引き出したりするときなど，最小限の質問をするという方法。

●圧迫面接法

　わざと受験者の精神状態を緊張させ，受験者がどのような応答をするかを観察し，判定する。受験者は，冷静に対応することが肝心。

02 集団面接

　面接の方法は個人面接と大差ないが，面接官がひとつの質問をして，受験者が順にそれに答えるという方法と，面接官が司会役になって，座談会のような形式で進める方法とがある。

　座談会のようなスタイルでの面接は，なるべく受験者全員が関心をもっているような話題を取りあげ，意見を述べさせるという方法。この際，司会役以外の面接官は一言も発言せず，判定・評価に専念する。

　グループディスカッション（以下，GD）の時間は30〜60分程度，1グループの人数は5〜10人程度で，司会は面接官が行う場合や，時間を決めて学生が交替で行うことが多い。面接官は内容については特に指示することはなく，受験者がどのようにGDを進めるかを観察する。

　評価のポイントは，全体的には理解力，表現力，指導性，積極性，協調性など，個別的には性格，知識，適性などが観察される。

　GDの特色は，集団の中での個人ということで，受験者の能力がどの程度のものであるか，また，どのようなことに向いているかを判定できること。受験者は，グループの中における自分の位置を面接官に印象づけることが大切だ。

グループディスカッション方式の面接におけるチェックポイント

- 全体の中で適切な論点を提供できているかどうか。
- 問題解決に役立つ知識を持っているか，また提供できているかどうか。
- もつれた議論を解きほぐし，的はずれの議論を元に引き戻す努力をしているかどうか。
- グループ全体としての目標をいつも考えているかどうか。
- 感情的な対立や攻撃をしかけているようなことはないか。
- 他人の意見に耳を傾け，よい意見には賛意を表し，それを全体に推し広げようという寛大さがあるかどうか。
- 議論の流れを自然にリードするような主導性を持っているかどうか。
- 提出した意見が議論の進行に大きな影響を与えているかどうか。

04 面接時の注意点

●控え室

　控え室には，指定された時間の15分前には入室しよう。そこで担当の係から，面接に際しての注意点や手順の説明が行われるので，疑問点は積極的に聞くようにし，心おきなく面接にのぞめるようにしておこう。会社によっては，所定のカードに必要事項を書き込ませたり，お互いに自己紹介をさせたりする場合もある。また，この控え室での行動も細かくチェックして，合否の資料にしている会社もある。

●入室・面接開始

　係員がドアの開閉をしてくれる場合もあるが，それ以外は軽くノックして入室し，必ずドアを閉める。そして入口近くで軽く一礼し，面接官か補助員の「どうぞ」という指示で正面の席に進み，ここで再び一礼をする。そして，学校名と氏名を名のって静かに着席する。着席時は，軽く椅子にかけるようにする。

●面接終了と退室

　面接の終了が告げられたら，椅子から立ち上がって一礼し，椅子をもとに戻して，面接官または係員の指示を受けて退室する。

　その際も，ドアの前で面接官のほうを向いて頭を下げ，静かにドアを開閉する。控え室に戻ったら，係員の指示を受けて退社する。

05 面接試験の評定基準

●協調性

　企業という「集団」では，他人との協調性が特に重視される。

　感情や態度が円満で調和がとれていること，極端に好悪の情が激しくなく，物事の見方や考え方が穏健で中立であることなど，職場での人間関係を円滑に進めていくことのできる人物かどうかが評価される。

●話し方

　外観印象的には，言語の明瞭さや応答の態度そのものがチェックされる。小さな声で自信のない発言，乱暴野卑な発言は減点になる。

　考えをまとめたら，言葉を選んで話すくらいの余裕をもって，真剣に応答しようとする姿勢が重視される。軽率な応答をしたり，まして発言に矛盾を指摘されるような事態は極力避け，もしそのような状況になりそうなときは，自分の非を認めてはっきりと謝るような態度を示すべき。

●好感度

　実社会においては，外観による第一印象が，人間関係や取引に大きく影響を及ぼす。

　「フレッシュな爽やかさ」に加え，入社志望など，自分の意思や希望をより明確にすることで，強い信念に裏づけられた姿勢をアピールできるよう努力したい。

●判断力

何を質問されているのか，何を答えようとしているのか，常に冷静に判断していく必要がある。

●表現力

話に筋道が通り理路整然としているか，言いたいことが簡潔に言えるか，話し方に抑揚があり聞く者に感銘を与えるか，用語が適切でボキャブラリーが豊富かどうか。

●積極性

活動意欲があり，研究心旺盛であること，進んで物事に取り組み，創造的に解決しようとする意欲が感じられること，話し方にファイトや情熱が感じられること，など。

●計画性

見通しをもって順序よく合理的に仕事をする性格かどうか，またその能力の有無。企業の将来性のなかに，自分の将来をどうかみ合わせていこうとしているか，現在の自分を出発点として，何を考え，どんな仕事をしたいのか。

●安定性

情緒の安定は，社会生活に欠くことのできない要素。自分自身をよく知っているか，他の人に流されない信念をもっているか。

●誠実性

自分に対して忠実であろうとしているか，物事に対してどれだけ誠実な考え方をしているか。

●社会性

企業は集団活動なので，自分の考えに固執したり，不平不満が多い性格は向かない。柔軟で適応性があるかどうか。

清潔感や明朗さ，若々しさといった外観面も重視される。

06 面接試験の質問内容

1. 志望動機

受験先の概要や事業内容はしっかりと頭の中に入れておく。また，その企業の企業活動の社会的意義と，自分自身の志望動機との関連を明確にしておく。「安定している」「知名度がある」「将来性がある」といった利己的な動機，「自

分の性格に合っている」というような，あいまいな動機では説得力がない。安定性や将来性は，具体的にどのような企業努力によって支えられているのかという考察も必要だし，それに対する受験者自身の評価や共感なども問われる。

①どうしてその業種なのか

②どうしてその企業なのか

③どうしてその職種なのか

以上の①〜③と，自分の性格や資質，専門などとの関連性を説明できるようにしておく。

自分がどうしてその会社を選んだのか，どこに大きな魅力を感じたのかを，できるだけ具体的に，情熱をもって語ることが重要。自分の長所と仕事の適性を結びつけてアピールし，仕事のやりがいや仕事に対する興味を述べるのもよい。

■複数の企業を受験していることは言ってもいい？

同じ職種，同じ業種で何社かかけもちしている場合，正直に答えてもかまわない。しかし，「第一志望はどこですか」というような質問に対して，正直に答えるべきかどうかというと，やはりこれは疑問がある。どんな会社でも，他社を第一志望にあげられれば，やはり愉快には思わない。

また，職種や業種の異なる会社をいくつか受験する場合も同様で，極端に性格の違う会社をあげれば，その矛盾を突かれるのは必至だ。

2. 仕事に対する意識・職業観

採用試験の段階では，次年度の配属予定が具体的に固まっていない会社もかなりある。具体的に職種や部署などを細分化して募集している場合は別だが，そうでない場合は，希望職種をあまり狭く限定しないほうが賢明。どの業界においても，採用後，新入社員には，研修としてその会社の各セクションをひと通り経験させる企業は珍しくない。そのうえで，具体的な配属計画を検討するのだ。

大切なことは，就職や職業というものを，自分自身の生き方の中にどう位置づけるか，また，自分の生活の中で仕事とはどういう役割を果たすのかを考えてみること。つまり自分の能力を活かしたい，社会に貢献したい，自分の存在価値を社会的に実現してみたい，ある分野で何か自分の力を試してみたい……，などの場合を考え，それを自分自身の人生観，志望職種や業種などとの関係を考えて組み立ててみる。自分の人生観をもとに，それを自分の言葉で表現できるようにすることが大切。

3. 自己紹介・自己PR

性格そのものを簡単に変えたり，欠点を克服したりすることは実際には難しいが，"仕方がない"という姿勢を見せることは禁物で，どんなささいなことでも，努力している面をアピールする。また一般的にいって，専門職を除けば，就職時になんらかの資格や技能を要求する企業は少ない。

ただ，資格をもっていれば採用に有利とは限らないが，専門性を要する業種では考慮の対象とされるものもある。たとえば英検，簿記など。

企業が学生に要求しているのは，4年間の勉学を重ねた学生が，どのように仕事に有用であるかということで，学生の知識や学問そのものを聞くのが目的ではない。あくまで，社会人予備軍としての謙虚さと素直さを失わないようにする。

知識や学力よりも，その人の人間性，ビジネスマンとしての可能性を重視するからこそ，面接担当者は，学生生活全般について尋ねることで，書類だけでは分からない人間性を探ろうとする。

何かうち込んだものや思い出に残る経験などは，その人の人間的な成長になんらかの作用を及ぼしているものだ。どんな経験であっても，そこから受けた印象や教訓などは，明確に答えられるようにしておきたい。

4. 一般常識・時事問題

一般常識・時事問題については筆記試験の分野に属するが，面接でこうしたテーマがもち出されることも珍しくない。受験者がどれだけ社会問題に関心をもっているか，一般常識をもっているか，また物事の見方・考え方に偏りがないかなどを判定する。知識や教養だけではなく，一問一答の応答を通じて，その人の性格や適応能力まで判断されることになる。

07 面接に向けての事前準備

■面接試験1カ月前までには万全の準備をととのえる

●志望会社・職種の研究

新聞の経済欄や経済雑誌などのほか，会社年鑑，株式情報など書物による研究をしたり，インターネットにあがっている企業情報や，検索によりさまざまな角度から調べる。すでにその会社へ就職している先輩や知人に会って知識を得たり，大学のキャリアセンターへ情報を求めるなどして総合的に判断する。

■専攻科目の知識・卒論のテーマなどの整理

大学時代にどれだけ勉強してきたか，専攻科目や卒論のテーマなどを整理しておく。

■時事問題に対する準備

毎日欠かさず新聞を読む。志望する企業の話題は，就職ノートに整理するなどもアリ。

面接当日の必需品

❏必要書類（履歴書，卒業見込証明書，成績証明書，健康診断書，推薦状）

❏学生証

❏就職ノート（志望企業ファイル）

❏印鑑，朱肉

❏筆記用具（万年筆，ボールペン，サインペン，シャープペンなど）

❏手帳，ノート

❏地図（訪問先までの交通機関などをチェックしておく）

❏現金（小銭も用意しておく）

❏腕時計（オーソドックスなデザインのもの）

❏ハンカチ，ティッシュペーパー

❏くし，鏡（女性は化粧品セット）

❏シューズクリーナー

❏ストッキング

❏折りたたみ傘（天気予報をチェックしておく）

❏携帯電話，充電器

■一般常識試験

社会人として企業活動を行ううえで最低限必要となる一般常識のほか，
英語，国語，社会 (時事問題)，数学などの知識の程度を確認するもの。

　難易度はおおむね中学・高校の教科書レベル。一般常識の問題集を1冊やっておけばよいが，業界によっては専門分野が出題されることもあるため，必ず志望する企業のこれまでの試験内容は調べておく。

■一般常識試験の対策

- **英語**　慣れておくためにも，教科書を復習する，英字新聞を読むなど。
- **国語**　漢字，四字熟語，反対語，同音異義語，ことわざをチェック。
- **時事問題**　新聞や雑誌，テレビ，ネットニュースなどアンテナを張っておく。

■適性検査

　SPI (Synthetic Personality Inventory) 試験 (SPI3試験) とも呼ばれ，能力テストと性格テストを合わせたもの。

　能力テストでは国語能力を測る「言語問題」と，数学能力を測る「非言語問題」がある。言語的能力，知覚能力，数的能力のほか，思考・推理能力，記憶力，注意力などの問題で構成されている。

　性格テストは「はい」か「いいえ」で答えていく。仕事上の適性と性格の傾向などが一致しているかどうかをみる。

SPIは職務への適応性を客観的にみるためのもの。

01 「論文」と「作文」

　一般に「論文」はあるテーマについて自分の意見を述べ，その論証をする文章で，必ず意見の主張とその論証という2つの部分で構成される。問題提起と論旨の展開，そして結論を書く。

　「作文」は，一般的には感想文に近いテーマ，たとえば「私の興味」「将来の夢」といったものがある。

　就職試験では「論文」と「作文」を合わせた"論作文"とでもいうようなものが出題されることが多い。

　論作文試験とは，「文章による面接」。テーマに書き手がどういう態度を持っているかを知ることが，出題の主な目的だ。受験者の知識・教養・人生観・社会観・職業観，そして将来への希望などが，どのような思考を経て，どう表現されているかによって，企業にとって，必要な人物かどうかを判断している。

　論作文の場合には，書き手の社会的意識や考え方に加え，「感銘を与える」働きが要求される。就職活動とは，企業に対し『自分をアピールすること』だということを常に念頭に置いておきたい。

Point

論文と作文の違い

	論　文	作　文
テーマ	学術的・社会的・国際的なテーマ。時事，経済問題など	個人的・主観的なテーマ。人生観，職業観など
表現	自分の意見や主張を明確に述べる。	自分の感想を述べる。
展開	四段型（起承転結）の展開が多い。	三段型（はじめに・本文・結び）の展開が多い。
文体	「だ調・である調」のスタイルが多い。	「です調・ます調」のスタイルが多い。

・テーマ

与えられた課題（テーマ）を，受験者はどのように理解しているか。

出題されたテーマの意義をよく考え，それに対する自分の意見や感情が，十分に整理されているかどうか。

・表現力

課題について本人が感じたり，考えたりしたことを，文章で的確に表しているか。

・字・用語・その他

かなづかいや送りがなが合っているか，文中で引用されている格言やことわざの類が使用法を間違えていないか，さらに誤字・脱字に至るまで，文章の基本的な力が受験者の人柄ともからんで厳密に判定される。

・オリジナリティ

魅力がある文章とは，オリジナリティを率直に出すこと。自分の感情や意見を，自分の言葉で表現する。

・生活態度

文章は，書き手の人格や人柄を映し出す。平素の社会的関心や他人との協調性，趣味や読書傾向はどうであるかといった，受験者の日常における生き方，生活態度がみられる。

・字の上手・下手

できるだけ読みやすい字を書く努力をする。また，制限字数より文章が長くなって原稿用紙の上下や左右の空欄に書き足したりすることは避ける。消しゴムで消す場合にも，丁寧に。

いずれの場合でも，表面的な文章力を問うているのではなく，受験者の人柄のほうを重視している。

マナーチェックリスト

就活において企業の人事担当は，面接試験やOG／OB訪問，そして面接試験において，あなたのマナーや言葉遣いといった，「常識力」をチェックしている。現在の自分はどのくらい「常識力」が身についているかをチェックリストで振りかえり，何ができて，何ができていないかを明確にしたうえで，今後の取り組みに生かしていこう。

評価基準　　5：大変良い　4：やや良い　3：どちらともいえない　2：やや悪い　1：悪い

	項　目	評　価	メ　モ
挨拶	明るい笑顔と声で挨拶をしているか		
	相手を見て挨拶をしているか		
	相手より先に挨拶をしているか		
	お辞儀を伴った挨拶をしているか		
	直接の応対者でなくても挨拶をしているか		
表情	笑顔で応対しているか		
	表情に私的感情がでていないか		
	話しかけやすい表情をしているか		
	相手の話は真剣な顔で聞いているか		
身だしなみ	前髪は目にかかっていないか		
	髪型は乱れていないか／長い髪はまとめているか		
	髭の剃り残しはないか／化粧は健康的か		
	服は汚れていないか／清潔に手入れされているか		
	機能的で職業・立場に相応しい服装をしているか		
	華美なアクセサリーはつけていないか		
	爪は伸びていないか		
	靴下の色は適当か／ストッキングの色は自然な肌色か		
	靴の手入れは行き届いているか		
	ポケットに物を詰めすぎていないか		

	項　目	評　価	メ　モ
言葉遣い	専門用語を使わず，相手にわかる言葉で話しているか		
	状況や相手に相応しい敬語を正しく使っているか		
	相手の聞き取りやすい音量・速度で話しているか		
	語尾まで丁寧に話しているか		
	気になる言葉癖はないか		
動作	物の授受は両手で丁寧に実施しているか		
	案内・指し示し動作は適切か		
	キビキビとした動作を心がけているか		
心構え	勤務時間・指定時間の５分前には準備が完了しているか		
	心身ともに健康管理をしているか		
	仕事とプライベートの切替えができているか		

☑ 常に自己点検をするクセをつけよう

「人を表情やしぐさ，身だしなみなどの見かけで判断してはいけない」と一般にいわれている。確かに，人の個性は見かけだけではなく，内面においても見いだされるもの。しかし，私たちは人を第一印象である程度決めてしまう傾向がある。それが面接試験など初対面の場合であればなおさらだ。したがって，チェックリストにあるような挨拶，表情，身だしなみ等に注意して面接試験に臨むことはとても重要だ。ただ，これらは面接試験前にちょっと対策したからといって身につくようなものではない。付け焼き刃的な対策をして面接試験に臨んでも，面接官はあっという間に見抜いてしまう。日頃からチェックリストにあるような項目を意識しながら行動することが大事であり，そうすることで，最初はぎこちない挨拶や表情等も，その人の個性に応じたすばらしい所作へ変わっていくことができるのだ。さっそく，本日から実行してみよう。

面接試験において，印象を決定づける表情はとても大事。
どのようにすれば感じのいい表情ができるのか，ポイントを確認していこう。

明るく,温和で柔らかな表情をつくろう

人間関係の潤滑油

表情に関しては，まずは豊かであるということがベースになってくる。うれしい表情，困った表情，驚いた表情など，さまざまな気持ちを表現できるということが，人間関係を潤いのあるものにしていく。

Point

　表情はコミュニケーションの大前提。相手に「いつでも話しかけてくださいね」という無言の言葉を発しているのが，就活に求められる表情だ。面接官が安心してコミュニケーションをとろうと思ってくれる表情。それが，明るく，温和で柔らかな表情となる。

いますぐデキる
カンタンTraining

Training **01**

喜怒哀楽を表してみよう

- ・人との出会いを楽しいと思うことが表情の基本
- ・表情を豊かにする大前提は相手の気持ちに寄り添うこと
- ・目元・口元だけでなく，眉の動きを意識することが大事

Training **02**

表情筋のストレッチをしよう

- ・表情筋は「ウイスキー」の発音によって鍛える
- ・意識して毎日，取り組んでみよう
- ・笑顔の共有によって相手との距離が縮まっていく

コミュニケーションは挨拶から始まり，その挨拶ひとつで印象は変わるもの。
ポイントを確認していこう。

丁寧にしっかりと
はっきり挨拶をしよう

人間関係の第一歩

挨拶は心を開いて，相手に近づくコミュニケーションの第一歩。たかが挨拶，されど挨拶の重要性をわきまえて，きちんとした挨拶をしよう。形，つまり"技"も大事だが，心をこめることが最も重要だ。

Point

　挨拶はコミュニケーションの第一歩。相手が挨拶するのを待っているのは望ましくない。挨拶の際のポイントは丁寧であることと，はっきり声に出すことの2つ。丁寧な挨拶は，相手を大事にして迎えている気持ちの表れとなる。はっきり声に出すことで，これもきちんと相手を迎えていることが伝わる。また，相手もその応答として挨拶してくれることで，会ってすぐに双方向のコミュニケーションが成立する。

いますぐデキる
カンタンTraining

Training 01

３つのお辞儀をマスターしよう

① 会釈（15度）   ② 敬礼（30度）   ③ 最敬礼（45度）

・息を吸うことを意識してお辞儀をするとキレイな姿勢に
・目線は真下ではなく，床前方1.5m先ぐらいを見よう
・相手への敬意を忘れずに

Training 02

対面時は言葉が先，お辞儀が後

・相手に体を向けて先に自ら挨拶をする
・挨拶時，相手とアイコンタクトを
　しっかり取ろう
・挨拶の後に，お辞儀をする。
　これを「語先後礼」という

就職活動のはじめかた　**213**

コミュニケーションは「話す」よりも「聞く」ことといわれる。相手が話しやすい聞き方の，ポイントを確認しよう。

受容の立場で傾聴しよう

相手の話を受けとめる

話を聞くときは，やや前に傾く姿勢をとる。表情と姿勢が合わさることにより，話し手の心が開き「あれも，これも話そう」という気持ちになっていく。また，「はい」と一度のお辞儀で頷くと相手の話を受け止めているというメッセージにつながる。

Point

　話をすること，話を聞いてもらうことは誰にとってもプレッシャーを伴うもの。そのため，「何でも話して良いんですよ」「何でも話を聞きますよ」「心配しなくて良いんですよ」という気持ちで聞くことが大切になる。その気持ちが聞く姿勢に表れれば，相手は安心して話してくれる。

いますぐデキる
カンタンTraining

Training 01
頷きは一度で

- 相手が話した後に「はい」と一言発する
- 頷きすぎは逆効果

Training 02
目線は自然に

- 鼻の付け根あたりを見ると自然な印象に
- 目を見つめすぎるのはNG

Training 03
話の句読点で視線を移す

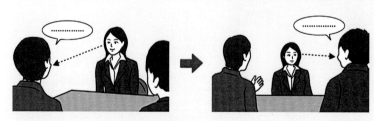

- 視線は話している人を見ることが基本
- 複数の人の話を聞くときは句読点を意識し，視線を振り分けることで聞く姿勢を表す

伝わる話し方

自分の意思を相手に明確に伝えるためには，話し方が重要となる。はっきりと的確に話すためのポイントを確認しよう。

明るい発声を心がけよう

ボリュームを意識して

話すときのポイントとしては，ボリュームを意識することが挙げられる。会議室の一番奥にいる人に声が届くように意識することで，声のボリュームはコントロールされていく。

Point

　コミュニケーションとは「伝達」すること。どのようなことも，適当に伝えるのではなく，伝えるべきことがきちんと相手に届くことが大切になる。そのためには，はっきりと，分かりやすく，丁寧に，心を込めて話すこと。言葉だけでなく，表情やジェスチャーを加えることも有効。

いますぐデキる
カンタンTraining

Training 01

腹式呼吸で発声練習

- 「あえいうえおあお」と発声する
- 腹式呼吸は，胸部をなるべく動かさずに，息を吸うときにお腹や腰が膨らむよう意識する呼吸法

Training 02

早口言葉にチャレンジ

おあやや 母親に お謝り

- 「おあやや，母親に，お謝り」と早口で
- 口がすぼまった「お」と口が開いた「あ」の発音に，変化をつけられるかがポイント

Training 03

ジェスチャーを有効活用

- 腰より上でジェスチャーをする
- 体から離した位置に手をもっていく
- ジェスチャーをしたら戻すところをさだめておく

実践編 STEP 5　身だしなみ

身だしなみはその人自身を表すもの。身だしなみの基本について，ポイントを確認しよう。

清潔感,さわやかさを
醸し出せるようにしよう

プロの企業人に
ふさわしい身だしなみを

信頼感，安心感をもたれる身だしなみを考えよう。TPOに合わせた服装は，すなわち"礼"を表している。そして，身だしなみには，「清潔感」,「品のよさ」,「控え目である」という，3つのポイントがある。

Point

相手との心理的な距離や物理的な距離が遠ければ，コミュニケーションは成立しにくくなる。見た目が不潔では誰も近付いてこない。身だしなみが清潔であること，爽やかであることは相手との距離を縮めることにも繋る。

いますぐデキる
カンタンTraining

Training 01

髪型，服装を整えよう

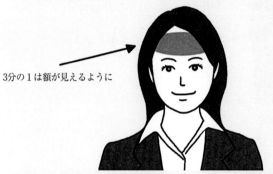

3分の1は額が見えるように

- 男性も女性も眉が見える髪型が望ましい。3分の1は額が見えるように。額は知性と清潔感を伝える場所。男性の髪の長さは耳や襟にかからないように
- スーツで相手の前に立つときは，ボタンはすべて留める。男性の場合は下のボタンは外す

Training 02

おしゃれとの違いを明確に

- 爪はできるだけ切りそろえる
- 爪の中の汚れにも注意
- ジェルネイル，ネイルアートはNG

Training 03

足元にも気を配って

- 女性の場合はパンプス，男性の場合は黒の紐靴が望ましい
- 靴はこまめに汚れを落とし見栄えよく

就職活動のはじめかた　219

姿勢にはその人の意欲が反映される。前向き，活動的な姿勢を表すにはどうしたらよいか，ポイントを確認しよう。

前向き,活動的な
姿勢を維持しよう

一直線と左右対称

正しい立ち姿として，耳，肩，腰，くるぶしを結んだ線が一直線に並んでいることが最大のポイントになる。そのラインが直線に近づくほど立ち姿がキレイに整っていることになる。また，"左右対称"というのもキレイな姿勢の要素のひとつになる。

Point

　姿勢は，身体と心の状態を反映するもの。そのため，良い姿勢でいることは，印象が清々しいだけでなく，健康で元気そうに見え，話しかけやすさにも繋がる。歩く姿勢，立つ姿勢，座る姿勢など，どの場面にも心身の健康状態が表れるもの。日頃から心身の健康状態に気を配り，フィジカルとメンタル両面の自己管理を心がけよう。

いますぐデキる
カンタンTraining

キレイな歩き方を心がけよう

・女性は1本の線上を，男性はそれよりも太い線上を沿うように歩く
・一歩踏み出したときに前の足に体重を乗せるように，腰から動く
・12時の方向につま先をもっていく

前向きな気持ちを持とう

・常に前向きな気持ちが姿勢を正す
・ポジティブ思考を心がけよう

言葉遣いの正しさはとは，場面にあった言葉を遣うということ。相手を気づかいながら，言葉を選ぶことで，より正しい言葉に近づいていく。

相手と場面に合わせた
ふさわしい言葉遣いを

次の文は接客の場面でよくある間違えやすい敬語です。
それぞれの言い方は○×どちらでしょうか。

問1 「資料をご拝読いただきありがとうございます」

問2 「こちらのパンフレットはもういただかれましたか？」

問3 「恐れ入りますが，こちらの用紙にご記入してください」

問4 「申し訳ございませんが，来週，休ませていただきます」

問5 「先ほどの件，帰りましたら上司にご報告いたしますので」

Point

ビジネスのシーンに敬語は欠くことができない。何度もやり取りをしていく中で，親しさの度合いによっては，あえてくだけた表現を用いることもあるが，「親しき仲にも礼儀あり」と言われるように，敬意や心づかいをおろそかにしてはいけないもの。相手に誤解されたり，相手の気分を壊すことのないように，相手や場面にふさわしい言葉遣いが大切になる。

問1 （×） ○正しい言い換え例

→「ご覧いただきありがとうございます」など

「拝読」は自分が「読む」意味の謙譲語なので，相手の行為に使うのは誤り。読むと見るは同義なため，多く，見るの尊敬語「ご覧になる」が用いられる。

問2 （×） ○正しい言い換え例

→「お持ちですか」「お渡ししましたでしょうか」 など

「いただく」は，食べる・飲む・もらうの謙譲語。「もらったかどうか」と聞きたいのだから，「おもらいになりましたか」と言えないこともないが，持っているかどうか，受け取ったかどうかという意味で「お持ちですか」などが使われることが多い。また，自分側が渡すような場合は，「お渡しする」を使って「お渡ししましたでしょうか」などの言い方に換えることもできる。

問3 （×） ○正しい言い換え例

→「恐れ入りますが，こちらの用紙にご記入ください」など

「ご記入する」の「お（ご）～する」は謙譲語の形。相手の行為を謙譲語で表すことになるため誤り。「して」を取り除いて「ご記入ください」か，和語に言い換えて「お書きください」とする。ほかにも「お書き／ご記入・いただけますでしょうか・願います」などの表現もある。

問4 （△）

有給休暇を取る場合や，弔事等で休むような場面で，用いられることも多い。「休ませていただく」ということで一見丁寧に響くが，「来週休むと自分で休みを決めている」という勝手な表現にも受け取られかねない言葉だ。ここは同じ「させていただく」を用いても，相手の都合をうかがう言い方に換えて「○○がございまして，申し訳ございませんが，休みをいただいてもよろしいでしょうか」などの言い換えが好ましい。

問5 （×） ○正しい言い換え例

→「上司に報告いたします」

「ご報告いたします」は，ソトの人との会話で使うとするならば誤り。「ご報告いたします」の「お・ご～いたす」は，「お・ご～する」と「～いたす」という2つの敬語を含む言葉。そのうちの「お・ご～する」は，主語である自分を低めて相手＝上司を高める働きをもつ表現（謙譲語Ⅰ）。一方「～いたす」は，主語の私を低めて，話の聞き手に対して丁重に述べる働きをもつ表現（謙譲語Ⅱ　丁重語）。「お・ご～する」も「～いたす」も同じ謙譲語であるため紛らわしいが，主語を低める（謙譲）という働きは同じでも，行為の相手を高める働きがあるかないかという点に違いがあるといえる。

●情報提供のお願い●

　就職活動研究会では，就職活動に関する情報を募集しています。

　エントリーシートやグループディスカッション，面接，筆記試験の内容等について情報をお寄せください。ご応募はメールアドレス（edit@kyodo-s.jp）へお願いいたします。お送りくださいました方々には薄謝をさしあげます。

　ご協力よろしくお願いいたします。

会社別就活ハンドブックシリーズ

トヨタ自動車の
就活ハンドブック

編　者　就職活動研究会

発　行　令和6年2月25日

発行者　小貫輝雄

発行所　協同出版株式会社

〒101-0054
東京都千代田区神田錦町2-5
電話　03-3295-1341
振替　東京00190-4-94061

印刷所　協同出版・POD工場

落丁・乱丁はお取り替えいたします

●2025年度版●
会社別就活ハンドブックシリーズ
【全111点】

運 輸

東日本旅客鉄道の就活ハンドブック	小田急電鉄の就活ハンドブック
東海旅客鉄道の就活ハンドブック	阪急阪神 HD の就活ハンドブック
西日本旅客鉄道の就活ハンドブック	商船三井の就活ハンドブック
東京地下鉄の就活ハンドブック	日本郵船の就活ハンドブック

機 械

三菱重工業の就活ハンドブック	浜松ホトニクスの就活ハンドブック
川崎重工業の就活ハンドブック	村田製作所の就活ハンドブック
IHI の就活ハンドブック	クボタの就活ハンドブック
島津製作所の就活ハンドブック	

金 融

三菱 UFJ 銀行の就活ハンドブック	野村證券の就活ハンドブック
三菱 UFJ 信託銀行の就活ハンドブック	りそなグループの就活ハンドブック
みずほ FG の就活ハンドブック	ふくおか FG の就活ハンドブック
三井住友銀行の就活ハンドブック	日本政策投資銀行の就活ハンドブック
三井住友信託銀行の就活ハンドブック	

建設・不動産

三菱地所の就活ハンドブック	鹿島建設の就活ハンドブック
三井不動産の就活ハンドブック	大成建設の就活ハンドブック
積水ハウスの就活ハンドブック	清水建設の就活ハンドブック
大和ハウス工業の就活ハンドブック	

資源・素材

旭旭化成グループの就活ハンドブック	関西電力の就活ハンドブック
東レの就活ハンドブック	日本製鉄の就活ハンドブック
ワコールの就活ハンドブック	中部電力の就活ハンドブック

九州電力の就活ハンドブック

自動車

トヨタ自動車の就活ハンドブック

デンソーの就活ハンドブック

本田技研工業の就活ハンドブック

日産自動車の就活ハンドブック

商　社

三菱商事の就活ハンドブック

伊藤忠商事の就活ハンドブック

住友商事の就活ハンドブック

双日の就活ハンドブック

丸紅の就活ハンドブック

豊田通商の就活ハンドブック

三井物産の就活ハンドブック

情報通信・IT

NTT データの就活ハンドブック

サイバーエージェントの就活ハンドブック

NTT ドコモの就活ハンドブック

LINE ヤフーの就活ハンドブック

野村総合研究所の就活ハンドブック

SCSK の就活ハンドブック

日本電信電話の就活ハンドブック

富士ソフトの就活ハンドブック

KDDI の就活ハンドブック

日本オラクルの就活ハンドブック

ソフトバンクの就活ハンドブック

GMO インターネットグループ

楽天の就活ハンドブック

オービックの就活ハンドブック

mixi の就活ハンドブック

DTS の就活ハンドブック

グリーの就活ハンドブック

TIS の就活ハンドブック

食品・飲料

サントリー HD の就活ハンドブック

日本たばこ産業 の就活ハンドブック

味の素の就活ハンドブック

日清食品グループの就活ハンドブック

キリン HD の就活ハンドブック

山崎製パンの就活ハンドブック

アサヒグループ HD の就活ハンドブック

キユーピーの就活ハンドブック

生活用品

資生堂の就活ハンドブック

武田薬品工業の就活ハンドブック

花王の就活ハンドブック

電気機器

三菱電機の就活ハンドブック	パナソニックの就活ハンドブック
ダイキン工業の就活ハンドブック	富士通の就活ハンドブック
ソニーの就活ハンドブック	キヤノンの就活ハンドブック
日立製作所の就活ハンドブック	京セラの就活ハンドブック
ＮＥＣの就活ハンドブック	オムロンの就活ハンドブック
富士フイルム HD の就活ハンドブック	キーエンスの就活ハンドブック

保　険

東京海上日動火災保険の就活ハンドブック	三井住友海上火災保険の就活ハンドブック
第一生命ホールディングスの就活ハンドブック	損保ジャパンの就活ハンドブック

メディア

日本印刷の就活ハンドブック	エイベックスの就活ハンドブック
博報堂 DY の就活ハンドブック	東宝の就活ハンドブック
TOPPAN ホールディングスの就活ハンドブック	

流通・小売

ニトリ HD の就活ハンドブック	ZOZO の就活ハンドブック
イオンの就活ハンドブック	

エンタメ・レジャー

オリエンタルランドの就活ハンドブック	任天堂の就活ハンドブック
アシックスの就活ハンドブック	カプコンの就活ハンドブック
バンダイナムコ HD の就活ハンドブック	セガサミー HD の就活ハンドブック
コナミグループの就活ハンドブック	タカラトミーの就活ハンドブック
スクウェア・エニックス HD の就活ハンドブック	

▼会社別就活ハンドブックシリーズにつきましては，協同出版のホームページからもご注文ができます。詳細は下記のサイトでご確認下さい。

https://kyodo-s.jp/examination_company